AVANT-PROPOS

La réussite en prépa nécessite une acquisition solide des connaissances et une capacité à les mettre en réseau ; elle exige par ailleurs d'en avoir une vision claire et de savoir les mobiliser rapidement. Les deux ouvrages « mathématiques appliquées-informatique » (première et deuxième année) de la collection *Prépas sciences* répondent au premier besoin. Ce formulaire vous permettra de satisfaire à cette deuxième exigence.

C'est en effet un résumé clair et concis du cours : définitions, théorèmes et propriétés. Les formules sont mises en valeur par un encadrement sur une trame grisée.

Aucune démonstration n'est faite, aucun exemple n'est proposé, car l'unique objectif est de retrouver le plus vite possible la définition ou la propriété cherchée.

Ce formulaire est structuré en 51 chapitres thématiques, répartis en 6 parties : généralités, analyse, algèbre linéaire, probabilités, statistiques et informatique.

Un index très précis en fin d'ouvrage permet de trouver rapidement et sans hésitation la notion cherchée. Ainsi, ce formulaire est le compagnon idéal pour la préparation des colles, la résolution des exercices et des problèmes mais surtout pour accompagner les révisions avant les concours.

Bertrand [illegible]hecorne

Sommaire

Généralités

Analyse

Algèbre linéaire

Probabilités

Statistique

Informatique (Python)

Généralités

1. SOMMES ET PRODUITS

Somme des termes d'une suite constante

$$\forall a \in \mathbb{R},\ \sum_{k=p}^{n} a = (n-p+1)a$$

Sommes des puissances des *n* premiers entiers

$$\sum_{k=1}^{n} k = \frac{n(n+1)}{2}$$

$$\sum_{k=1}^{n} k^2 = \frac{n(n+1)(2n+1)}{6}$$

Sommes géométriques

$$\forall n \in \mathbb{N},\ \sum_{k=0}^{n} q^k = \begin{cases} n+1 & \text{si } q=1 \\ \dfrac{1-q^{n+1}}{1-q} & \text{si } q \neq 1 \end{cases}$$

Plus généralement : $\forall q \neq 1,\ \forall n \geq p,\ \sum_{k=p}^{n} q^k = q^p \dfrac{1-q^{n-p+1}}{1-q}$.

Distributivité, commutativité et associativité

$$\forall \lambda \in \mathbb{R},\ \sum_{k=1}^{n} \lambda x_k = \lambda \sum_{k=1}^{n} x_k \quad (\lambda \text{ ne dépend pas de l'indice.})$$

$$\sum_{k=1}^{n} (x_k + y_k) = \sum_{k=1}^{n} x_k + \sum_{k=1}^{n} y_k$$

Changement d'indice

Soit deux entiers naturels n et p tels que $p \leq n$.

Seuls les deux changements d'indice suivants sont autorisés :

- Changement d'indice : $i = k + m$ (avec m entier)

$$\sum_{k=p}^{n} x_{k+m} = \sum_{i=p+m}^{n+m} x_i$$

- Changement d'indice : $i = m - k$ (avec m entier supérieur ou égal à n)

$$\sum_{k=p}^{n} x_{m-k} = \sum_{i=m-n}^{m-p} x_i$$

Télescopage

Quels que soient les réels $x_0, ..., x_{n+1}$, on a :

$$\sum_{k=0}^{n} \left(x_{k+1} - x_k \right) = x_{n+1} - x_0$$

Interversion de sommes doubles

Si les indices sont indépendants :

$$\sum_{(i,j) \in [\![1,n]\!] \times [\![1,m]\!]} x_{i,j} = \sum_{i=1}^{n} \left(\sum_{j=1}^{m} x_{i,j} \right) = \sum_{j=1}^{m} \left(\sum_{i=1}^{n} x_{i,j} \right)$$

Si les indices sont dépendants :

$$\sum_{1 \leq i \leq j \leq n} x_{i,j} = \sum_{i=1}^{n} \sum_{j=i}^{n} x_{i,j} = \sum_{j=1}^{n} \sum_{i=1}^{j} x_{i,j}$$

$$\sum_{1 \leq i < j \leq n} x_{i,j} = \sum_{i=1}^{n-1} \sum_{j=i+1}^{n} x_{i,j} = \sum_{j=2}^{n} \sum_{i=1}^{j-1} x_{i,j}$$

Lien entre sommes simple et double

Quels que soient les réels $x_1,...,x_n$, avec n élément de $\mathbb{N}^*$, on a :

$$\left(\sum_{k=1}^{n} x_k\right)^2 = \sum_{k=1}^{n} x_k^2 + 2\sum_{1\leq i<j\leq n} x_i x_j$$

Factorielle

Pour tout entier naturel n, on appelle *factorielle* de n, et on note $n!$, l'entier naturel défini par $0!=1$ et, pour tout entier naturel n non nul : $n!=\prod_{k=1}^{n} k = 1\times 2\times ...\times n$.

Pour tout n de $\mathbb{N}^*$, on a : $n! = n\times(n-1)!$.

Produit de termes d'une suite constante

$$\forall n\in \mathbb{N}^*,\ \prod_{k=1}^{n}\lambda = \lambda^n$$

Opérations compatibles avec $\prod$

$$\forall n\in \mathbb{N}^*,\ \prod_{k=1}^{n}(x_k y_k) = \left(\prod_{k=1}^{n} x_k\right)\left(\prod_{k=1}^{n} y_k\right)$$

Si aucun des y_k n'est nul, alors : $\displaystyle\prod_{k=1}^{n}\frac{x_k}{y_k} = \frac{\prod_{k=1}^{n} x_k}{\prod_{k=1}^{n} y_k}$

Télescopage

Si aucun des x_k n'est nul, on a :

$$\forall n \in \mathbb{N},\ \prod_{k=0}^{n}\frac{x_{k+1}}{x_k} = \frac{x_{n+1}}{x_0}$$

2. ENSEMBLES ET APPLICATIONS

Comparaison d'ensembles

On dit que l'ensemble A est *inclus* dans l'ensemble B et on note $A \subset B$, lorsque tout élément de A est élément de B.

On dit que deux ensembles A et B sont *égaux*, on note $A = B$, lorsque l'on a : $A \subset B$ et $B \subset A$.

On dit que l'ensemble A est une *partie* de l'ensemble E (ou encore un *sous-ensemble* de E) lorsque A est inclus dans E.
L'ensemble de toutes les parties de E est noté $\mathcal{P}(E)$.

Intersection et réunion

L'*intersection* des ensembles A et B est l'ensemble, noté $A \cap B$, constitué des éléments qui sont à la fois dans A et dans B.

$$x \in A \cap B \Leftrightarrow x \in A \text{ et } x \in B$$

La *réunion* des ensembles A et B est l'ensemble, noté $A \cup B$, constitué des éléments qui sont dans l'un au moins des ensembles A ou B.

$$x \in A \cup B \Leftrightarrow x \in A \text{ ou } x \in B$$

Commutativité

L'intersection et la réunion sont commutatives :

$$A \cap B = B \cap A \text{ et } A \cup B = B \cup A$$

Associativité

L'intersection et la réunion sont associatives :

$$(A \cap B) \cap C = A \cap (B \cap C) = A \cap B \cap C$$
$$(A \cup B) \cup C = A \cup (B \cup C) = A \cup B \cup C$$

Les ensembles considérés dans la suite sont tous des parties d'un ensemble Ω.

Élément neutre

Ω est élément neutre pour l'intersection : $A \cap \Omega = A$.
$\emptyset$ est élément neutre pour la réunion : $A \cup \emptyset = A$.

Inclusion, intersection et réunion

$$A \cap B \subset A \text{ et } A \subset A \cup B$$

$A \subset B \Leftrightarrow A \cap B = A$.
$A \subset B \Leftrightarrow A \cup B = B$.

$$A \cap A = A \text{ et } A \cup A = A$$

Distributivité

L'intersection et la réunion sont distributives l'une sur l'autre :

$$A \cap (B \cup C) = (A \cap B) \cup (A \cap C)$$
$$A \cup (B \cap C) = (A \cup B) \cap (A \cup C)$$

Complémentaire

Le *complémentaire* de A est l'ensemble, noté $\overline{A}$, contenant les éléments de Ω qui ne sont pas dans A. On a : $x \in \overline{A} \Leftrightarrow x \notin A$.

On a : $\overline{\overline{A}} = A$; $\overline{\emptyset} = \Omega$; $\overline{\Omega} = \emptyset$.
$\overline{A}$ est la seule partie de Ω vérifiant : $A \cap \overline{A} = \emptyset$ et $A \cup \overline{A} = \Omega$.

$$A \subset B \Leftrightarrow \overline{B} \subset \overline{A}$$

Lois de Morgan

$$\overline{A \cap B} = \overline{A} \cup \overline{B} \text{ et } \overline{A \cup B} = \overline{A} \cap \overline{B}$$

Plus généralement, si I désigne un ensemble d'indices, on a :

$$\overline{\bigcap_{i \in I} A_i} = \bigcup_{i \in I} \overline{A_i} \text{ et } \overline{\bigcup_{i \in I} A_i} = \bigcap_{i \in I} \overline{A_i}$$

Produit cartésien

On définit le *produit cartésien* des ensembles $A_1, A_2, \ldots, A_n$ par :
$A_1 \times A_2 \times \ldots \times A_n = \{ (x_1, x_2, \ldots, x_n), \forall i \in [\![1, n]\!], x_i \in A_i \}$.
Le produit $A \times A$ est noté A^2.

Ensembles dénombrables, ensembles finis

On dit qu'un ensemble E est *dénombrable* s'il existe une bijection de E sur $\mathbb{N}$.

Un ensemble E est dit *fini* s'il est vide ou s'il existe un entier naturel n non nul tel qu'il existe une bijection de E vers $[\![1, n]\!]$.
Le nombre n est appelé cardinal de E, noté Card $(E)|$.
On a Card $(\varnothing) = 0$.

Dans toute la suite, E, F et G désignent des ensembles.

Fonctions et applications

Une fonction f de E dans (ou vers) F est un procédé qui permet d'associer certains éléments de E avec des éléments de F appelés leurs images, de telle façon que tout élément x de E possède au maximum une image y dans F.

Une application f de E dans F est une fonction de E dans F telle que tout élément de E possède exactement une image par f dans F.
L'ensemble des applications de E dans F est noté $\mathcal{A}(E, F)$.

Identité

On appelle *identité* de E (ou *application identique* de E), l'application de E dans E, notée Id_E et définie par :

$$\forall x \in E,\ Id_E(x) = x$$

Restriction d'une application

Soit f une application de E dans F et E' une partie de E. On appelle *restriction* de f à E', l'application notée $f_{|E'}$ définie par :

$$\forall x \in E', f_{|E'}(x) = f(x)$$

Composée d'applications

Soit f une application de E dans F et g une application de F dans G. On note $g \circ f$ (et on lit "g rond f") l'application de E dans G qui à tout élément x de E associe :

$$(g \circ f)(x) = g(f(x))$$

Lorsque les composées écrites ci-après existent, on a :

$$(f \circ g) \circ h = f \circ (g \circ h) = f \circ g \circ h$$

Si f est une application de E dans F, on a :

$$f \circ Id_E = Id_F \circ f = f$$

Injection

Une application f de E dans F est *injective* (ou est une *injection*) si chaque élément de F admet au plus un antécédent dans E par f.

Une application f de E dans F est injective si et seulement si :

$$\forall (x_1, x_2) \in E^2, f(x_1) = f(x_2) \Rightarrow x_1 = x_2$$

Surjection

Une application f de E dans F est *surjective* (ou est une *surjection*) si chaque élément de F admet au moins un antécédent dans E par f.

Une application f de E dans F est surjective si et seulement si :

$$\forall y \in F, \exists x \in E, y = f(x)$$

Bijection

Une application f d'un ensemble E dans un ensemble F est une application *bijective* (on dit aussi une *bijection*) si :

$$\forall y \in F\ ,\ \exists ! x \in E\ ,\ y = f(x)$$

Autrement dit :

Une application f de E dans F est une bijection de E dans F si, et seulement si, il existe une unique fonction g de F dans E telle que, pour tout x de E et tout y de F, on a :

$$y = f(x) \Leftrightarrow x = g(y)$$

L'unique fonction g définie ci-dessus est appelée *bijection réciproque* de f et est notée f^{-1}. On a donc l'équivalence :

$$y = f(x) \Leftrightarrow x = f^{-1}(y)$$

Composée de bijections

Si f est une bijection de E dans F et g une bijection de F dans G, alors $g \circ f$ est une bijection de E dans G et l'on a :

$$(g \circ f)^{-1} = f^{-1} \circ g^{-1}$$

Théorème de la bijection

Si f est une application, définie sur un intervalle I de $\mathbb{R}$, à valeurs réelles, continue et strictement monotone sur I, alors f est une bijection de I sur l'intervalle $J = f(I)$.

Lorsque f est continue et strictement monotone sur I, f et f^{-1} ont les mêmes variations.

&

Il n'y a pas de place durable dans le monde
pour les mathématiques laides.

Godfrey Hardy

3. COEFFICIENTS BINOMIAUX

Permutations et factorielles

Soit E un ensemble fini. Une *permutation* de E est une bijection de E dans E.

Il y a $n\,!$ permutations d'un ensemble E à n éléments.

Valeurs à connaître (ou à retrouver)

Par convention, on pose $0! = 1$.
$1! = 1$, $2! = 2$, $3! = 6$, $4! = 24$, $5! = 120$.

Nombre de parties à *p* éléments

Le nombre de parties à p éléments d'un ensemble à n éléments est égal à $\binom{n}{p}$, ce qui se prononce "p parmi n" et on a :

$$\binom{n}{p} = \begin{cases} \dfrac{n!}{p!(n-p)!} & \text{si } 0 \le p \le n \\ 0 \quad \text{si } p > n \end{cases}$$

Remarque : les nombres $\binom{n}{p}$ sont des entiers naturels appelés *coefficients binomiaux*.

Calcul pratique

$$\binom{n}{p} = \frac{n(n-1)\dots(n-p+1)}{p!}$$

Par exemple : $\binom{n}{2} = \dfrac{n(n-1)}{2}$, $\binom{n}{3} = \dfrac{n(n-1)(n-2)}{6}$.

Nombre de façons de choisir p objets

Le nombre $\binom{n}{p}$ est égal au nombre de façons de choisir (sans considération d'ordre ou de hiérarchie) p objets distincts parmi n objets donnés (avec $p \leq n$).

Nombre de chemins

Dans un arbre binaire (succès-échec), le nombre $\binom{n}{p}$ est égal au nombre de chemins sur lesquels on obtient p succès lors de n répétitions indépendantes d'une épreuve aléatoire (voir la loi binomiale).

Symétrie des coefficients binomiaux

Les nombres $\binom{n}{p}$ sont appelés *coefficients binomiaux* et on a :

$$\binom{n}{p} = \binom{n}{n-p}$$

Relations "diagonales" (à savoir démontrer)

$$\forall n \geq 1,\ \forall p \geq 1,\ p\binom{n}{p} = n\binom{n-1}{p-1}$$

$$\forall n \geq 2,\ \forall p \geq 2,\ p(p-1)\binom{n}{p} = n(n-1)\binom{n-2}{p-2}$$

Triangle de Pascal

$$\forall n \in \mathbb{N}^*, \forall p \in [\![1, n]\!],\ \binom{n}{p} = \binom{n-1}{p-1} + \binom{n-1}{p}$$

Remarque. Si $p > n$, cette égalité est encore vraie puisqu'elle donne $0 = 0 + 0$).

A et B commutent → AB = BA

Formule du binôme de Newton

Pour tout couple (a, b) de réels et pour tout entier naturel n, on a :

$$(a+b)^n = \sum_{k=0}^{n} \binom{n}{k} a^k b^{n-k} = \sum_{k=0}^{n} \binom{n}{k} a^{n-k} b^k$$

Nombre de parties d'un ensemble

En faisant $a = b = 1$ dans la formule du binôme ci-dessus, on trouve :

$$\sum_{k=0}^{n} \binom{n}{k} = 2^n$$

Le nombre de parties d'un ensemble à n éléments est égal à 2^n.
Ces parties se décomposent en $\binom{n}{0} = 1$ partie à 0 élément, $\binom{n}{1} = n$ parties à 1 élément, $\binom{n}{2} = \dfrac{n(n-1)}{2}$ parties à 2 éléments,…, jusqu'à $\binom{n}{n} = 1$ partie à n éléments.

&

Tout l'Univers repose sur l'ensemble des entiers naturels.

Pythagore de Samos

Analyse

4. FONCTIONS USUELLES

Valeur absolue

On appelle fonction "valeur absolue" la fonction f qui, à tout réel x, associe le nombre $|x|$ défini par : $f(x) = |x| = \begin{cases} x \text{ si } x \geq 0 \\ -x \text{ si } x < 0 \end{cases}$.

La fonction "valeur absolue" est paire : $\forall x \in \mathbb{R},\ |-x| = |x|$.

Valeur absolue et multiplication

$\forall (x,y) \in \mathbb{R}^2,\ |xy| = |x||y|$ et $\forall (x,y) \in \mathbb{R} \times \mathbb{R}^*,\ \left|\frac{x}{y}\right| = \frac{|x|}{|y|}$.

Valeur absolue et inégalités

y penser !

Inégalité triangulaire : $\forall (x,y) \in \mathbb{R}^2,\ |x+y| \leq |x| + |y|$

Soit x un réel quelconque et M un réel positif. Alors, on a :

$$|x| \leq M \Leftrightarrow -M \leq x \leq M$$

Lien entre valeur absolue et distance

Le réel $|x-y|$ est appelé distance entre les réels x et y.

Fonction carré et inégalités

Soit x un réel quelconque et a un réel positif. On a :

- $x^2 \leq a^2 \Leftrightarrow -a \leq x \leq a$.
- $x^2 \geq a^2 \Leftrightarrow (x \leq -a \text{ ou } x \geq a)$.

Propriétés algébriques de ln

Soit a et b deux réels strictement positifs et n un entier relatif.

- $\ln(ab) = \ln a + \ln b$.
- $\ln(a^n) = n \ln a$.
- $\ln\left(\frac{1}{a}\right) = -\ln a$.
- $\ln\left(\frac{a}{b}\right) = \ln a - \ln b$.

ln et (in)égalités

Soit a et b deux réels strictement positifs. On a :

- $\ln a = \ln b \Leftrightarrow a = b$.
- $\ln a \leq \ln b \Leftrightarrow a \leq b$.
- $\ln a < \ln b \Leftrightarrow a < b$.

Liens entre ln et exp

- $\forall x \in \mathbb{R}, \forall y \in \mathbb{R}_+^*, \left(\exp(x) = y \Leftrightarrow x = \ln y\right)$.
- $\forall x \in \mathbb{R}$, $\ln(\mathrm{e}^x) = x$.
- $\forall y \in \mathbb{R}_+^*$, $\mathrm{e}^{\ln y} = y$.

Propriétés algébriques de exp

Soit a et b deux réels quelconques. On a :

- $\mathrm{e}^{a+b} = \mathrm{e}^a \mathrm{e}^b$ et $\left(\mathrm{e}^a\right)^b = \mathrm{e}^{ab}$.
- $\mathrm{e}^{-a} = \frac{1}{\mathrm{e}^a}$ et $\mathrm{e}^{a-b} = \frac{\mathrm{e}^a}{\mathrm{e}^b}$.

exp et (in)égalités

Soit a et b deux réels quelconques. On a :

- $\mathrm{e}^a = \mathrm{e}^b \Leftrightarrow a = b$.
- $\mathrm{e}^a \leq \mathrm{e}^b \Leftrightarrow a \leq b$.
- $\mathrm{e}^a < \mathrm{e}^b \Leftrightarrow a < b$.

Propriétés algébriques des fonctions puissances

Soit α et β des réels, x et y des réels strictement positifs. On a :

- $x^{\alpha+\beta} = x^\alpha x^\beta$, $x^{-\alpha} = \dfrac{1}{x^\alpha}$ et $x^{\alpha-\beta} = \dfrac{x^\alpha}{x^\beta}$.
- $(xy)^\alpha = x^\alpha y^\alpha$ et $\left(\dfrac{x}{y}\right)^\alpha = \dfrac{x^\alpha}{y^\alpha}$.
- $(x^\alpha)^\beta = x^{\alpha\beta}$.

Liens entre puissance et racine carrée

Pour tout réel x **strictement positif**, $x^{1/2} = \sqrt{x}$.

Pour tout réel x positif, on a : $\left(\sqrt{x}\right)^2 = x$.

Pour tout réel x, on a : $\sqrt{x^2} = |x|$.

Partie entière et inégalités

On appelle fonction "partie entière" la fonction qui, à tout réel x, associe le seul entier, noté $\lfloor x \rfloor$, qui vérifie :

$$\lfloor x \rfloor \leq x < \lfloor x \rfloor + 1$$

Égalité de polynômes

Deux polynômes non nuls sont égaux s'ils ont même degré et mêmes coefficients.

Factorisation et racine

Soit P un polynôme de degré n possédant une racine a. Alors P se factorise par $(x-a)$. Autrement dit, $P(x)=(x-a)Q(x)$, où Q est un polynôme de degré $(n-1)$.

Racines et degré

Un polynôme de degré inférieur ou égal à n admettant strictement plus de n racines est le polynôme nul.

Division euclidienne

Soit A et B deux polynômes de $\mathbb{R}[X]$ avec $B \neq 0$.

Il existe un unique couple (Q, R) de polynômes de $\mathbb{R}[X]$ tel que $A = BQ + R$, avec $\deg R < \deg B$.

Les polynômes Q et R sont appelés respectivement *quotient* et *reste* dans la division euclidienne de A par B.

Trinôme

Soit le trinôme $P(x) = ax^2 + bx + c$ (a, b, c fixés avec $a \neq 0$).

Le discriminant de ce trinôme est $\Delta = b^2 - 4ac$.

- Si $\Delta < 0$, $P(x)$ n'admet aucune racine et n'est pas factorisable.
- Si $\Delta = 0$, $P(x)$ admet l'unique racine $x_0 = -\dfrac{b}{2a}$ et on a :

$$\forall x \in \mathbb{R}, \; P(x) = a(x - x_0)^2$$

- Si $\Delta > 0$, $P(x)$ admet deux racines distinctes, $x_1 = \dfrac{-b - \sqrt{\Delta}}{2a}$ et $x_2 = \dfrac{-b + \sqrt{\Delta}}{2a}$, et on a :

$$\forall x \in \mathbb{R}, \; P(x) = a(x - x_1)(x - x_2)$$

Signe du trinôme

- Si $\Delta \leq 0$, le trinôme $ax^2 + bx + c$ est du signe de a.
- Si $\Delta > 0$, le trinôme $ax^2 + bx + c$ est du signe de a à l'extérieur des racines et du signe de $-a$ entre les racines.

Liens entre racines et coefficients du trinôme

Soit le trinôme ax^2+bx+c. On suppose que $\Delta \geq 0$ et on désigne par x_1 et x_2 les racines (égales ou pas) de ce trinôme. On a alors :

$$\begin{cases} x_1+x_2 = -\dfrac{b}{a} \\ x_1 x_2 = \dfrac{c}{a} \end{cases}$$

Valeurs à connaître

$\ln 1=0$ et $\ln 2 \simeq 0,69$. $e^0=1$ et $e^1=e \simeq 2,718$.

$\sqrt{0}=0$, $\sqrt{1}=1$, $\sqrt{2}\simeq 1,414$ et $\sqrt{3}\simeq 1,732$.

Les propositions mathématiques sont reconnues
comme vraies parce que personne n'a intérêt
à ce qu'elles soient fausses.

Montesquieu

5. GÉNÉRALITÉS SUR LES FONCTIONS

On considère une fonction f d'une variable réelle, à valeurs réelles. On note D_f son ensemble de définition et (C_f) sa représentation graphique dans un repère orthogonal (xOy).

Parité, imparité

La fonction f est *paire* si D_f est centré en 0 et :

$$\forall x \in D_f,\ f(-x) = f(x)$$

La fonction f est *impaire* si D_f est centré en 0 et :

$$\forall x \in D_f,\ f(-x) = -f(x)$$

Parité et symétrie

Si f est paire, alors (C_f) est symétrique par rapport à (Oy).
Si f est impaire, alors (C_f) est symétrique par rapport à O.

Majorant, minorant

Soit une partie A de $\mathbb{R}$, incluse dans D_f.

• La fonction f est dite *majorée* sur A s'il existe un réel M tel que :

$$\forall x \in A, f(x) \leq M$$

Le réel M est appelé un *majorant* de f sur A.

• La fonction f est dite *minorée* sur A s'il existe un réel m tel que :

$$\forall x \in A, f(x) \geq m$$

Le réel m est appelé un *minorant* de f sur A.
• La fonction f est *bornée* si elle est à la fois majorée et minorée.

Extremums globaux

Soit une partie A de $\mathbb{R}$, incluse dans D_f et x_0 un point de A.

• On dit que f admet un *maximum global* sur A en x_0, lorsque :

$$\forall x \in A, f(x) \leq f(x_0)$$

On note alors $f(x_0) = \max_{x \in A} f(x)$.

• On dit que f admet un *minimum global* sur A en x_0, lorsque :

$$\forall x \in A, f(x) \geq f(x_0)$$

On note alors $f(x_0) = \min_{x \in A} f(x)$.

Extremums locaux

Soit une partie A de $\mathbb{R}$, incluse dans D_f et x_0 un point de A.

• On dit que f admet un *maximum local* sur A en x_0, lorsqu'il existe un voisinage V de x_0 tel que :

$$\forall x \in A \cap V, f(x) \leq f(x_0)$$

• On dit que f admet un *minimum local* sur A en x_0, lorsqu'il existe un voisinage V de x_0 tel que :

$$\forall x \in A \cap V, f(x) \geq f(x_0)$$

Sens de variation

Soit une fonction f définie sur un intervalle I de $\mathbb{R}$.

• La fonction f est *croissante* sur I lorsque :

$$\forall (x, y) \in I^2,\ x \leq y \Rightarrow f(x) \leq f(y)$$

• La fonction f est *strictement croissante* sur I lorsque :

$$\forall (x, y) \in I^2,\ x < y \Rightarrow f(x) < f(y)$$

• La fonction f est *décroissante* sur I lorsque :

$$\forall (x, y) \in I^2,\ x \leq y \Rightarrow f(x) \geq f(y)$$

• La fonction f est *strictement décroissante* sur I lorsque :

$$\forall (x, y) \in I^2,\ x < y \Rightarrow f(x) > f(y)$$

• La fonction f est *monotone* sur I lorsque f est soit croissante, soit décroissante sur I. On définit de même la stricte monotonie.

Sens de variation et composition

	f croît sur I	f décroît sur I
g croît sur $f(I)$	$g \circ f$ croît sur I	$g \circ f$ décroît sur I
g décroît sur $f(I)$	$g \circ f$ décroît sur I	$g \circ f$ croît sur I

Sens de variation d'une bijection réciproque

Soit f une bijection d'un intervalle I de $\mathbb{R}$ sur un intervalle J de $\mathbb{R}$. Si f est strictement monotone sur I, alors f^{-1} est une bijection de J sur I, ayant le même sens de variation que f.

Un mathématicien,
c'est une machine qui transforme le café en théorèmes.

Alfred Renyi

6. LIMITES

Limite finie en un point

Soit un réel ℓ et une fonction f définie au voisinage du réel x_0.

On dit que $\lim\limits_{x \to x_0} f(x) = \ell$ lorsque :

$$\forall \varepsilon > 0, \exists \alpha > 0, \forall x \in D_f, |x - x_0| \leq \alpha \Rightarrow |f(x) - \ell| \leq \varepsilon$$

Si $\lim\limits_{x \to x_0} f(x) = \ell$:

- Soit f est définie en x_0, alors $\ell = f(x_0)$ et f est continue en x_0.
- Soit f n'est pas définie en x_0 et f se prolonge par continuité en x_0.

Unicité de la limite

Si f admet une limite en x_0, alors celle-ci est unique.

Limite à gauche, limite à droite

- Soit une fonction f définie sur un voisinage à gauche de x_0.

On dit que $\lim\limits_{x \to x_0^-} f(x) = \ell$ lorsque :

$$\forall \varepsilon > 0, \exists \alpha > 0, \forall x \in D_f, x_0 - \alpha \leq x < x_0 \Rightarrow |f(x) - \ell| \leq \varepsilon$$

- Soit une fonction f définie sur un voisinage à droite de x_0.

On dit que $\lim\limits_{x \to x_0^+} f(x) = \ell$ lorsque :

$$\forall \varepsilon > 0, \exists \alpha > 0, \forall x \in D_f, x_0 < x \leq x_0 + \alpha \Rightarrow |f(x) - \ell| \leq \varepsilon$$

Lien entre limite et limites à droite et à gauche

Soit f une fonction définie au voisinage de x_0.

Si f n'est pas définie en x_0, alors f admet ℓ pour limite en x_0 si, et seulement si, f admet ℓ pour limite à gauche en x_0 et pour limite à droite en x_0.

Si f est définie en x_0, alors f admet une limite en x_0 si, et seulement si, f admet une limite à gauche en x_0 et une limite à droite en x_0 toutes les deux égales à $f(x_0)$. Dans ce cas, f est continue en x_0.

Limite infinie en un point

- La limite de f en x_0 est égale à $+\infty$ lorsque :

$$\forall A \in \mathbb{R},\ \exists \alpha > 0,\ \forall x \in D_f, \left| x - x_0 \right| \leq \alpha \Rightarrow f(x) \geq A$$

- La limite de f en x_0 est égale à $-\infty$ lorsque :

$$\forall A \in \mathbb{R},\ \exists \alpha > 0,\ \forall x \in D_f, \left| x - x_0 \right| \leq \alpha \Rightarrow f(x) \leq A$$

La droite d'équation $x = x_0$ est *asymptote verticale* à C_f.

Limite finie (ℓ) en l'infini

- $\lim\limits_{x \to +\infty} f(x) = \ell \Leftrightarrow \forall \varepsilon > 0,\ \exists B > 0,\ \forall x \geq B,\ \left| f(x) - \ell \right| \leq \varepsilon$
- $\lim\limits_{x \to -\infty} f(x) = \ell \Leftrightarrow \forall \varepsilon > 0,\ \exists B < 0,\ \forall x \leq B,\ \left| f(x) - \ell \right| \leq \varepsilon$

La droite d'équation $y = \ell$ est *asymptote horizontale* à C_f.

Limite infinie en l'infini

- $\lim\limits_{x \to +\infty} f(x) = +\infty \Leftrightarrow \forall A \in \mathbb{R},\ \exists B > 0,\ \forall x \geq B,\ f(x) \geq A$
- $\lim\limits_{x \to +\infty} f(x) = -\infty \Leftrightarrow \forall A \in \mathbb{R},\ \exists B > 0,\ \forall x \geq B,\ f(x) \leq A$
- $\lim\limits_{x \to -\infty} f(x) = +\infty \Leftrightarrow \forall A \in \mathbb{R},\ \exists B < 0,\ \forall x \leq B,\ f(x) \geq A$
- $\lim\limits_{x \to -\infty} f(x) = -\infty \Leftrightarrow \forall A \in \mathbb{R},\ \exists B < 0,\ \forall x \leq B,\ f(x) \leq A$

Dans le cas où la limite de f en l'infini est infinie, il se peut que l'on soit face à la situation suivante (pas explicitement au programme) :

Si $\lim\limits_{x\to\pm\infty}\left(f(x)-(ax+b)\right)=0$, alors on dit que ($C_f$) a en $\pm\infty$ une *asymptote oblique* d'équation $y=ax+b$.

Limite et somme (*a* réel ou infini

$\lim\limits_{x\to a} f(x)$	$-\infty$	$+\infty$	$-\infty$	ℓ	ℓ
$\lim\limits_{x\to a} g(x)$	$-\infty$	$+\infty$	$+\infty$	$+\infty$	$-\infty$
$\lim\limits_{x\to a}\left(f(x)+g(x)\right)$	$-\infty$	$+\infty$	Forme indéterminée	$+\infty$	$-\infty$

Limite et produit (*a* réel ou infini

$\lim\limits_{x\to a} f(x)$	$\pm\infty$	$\ell\neq 0$	0
$\lim\limits_{x\to a} g(x)$	$\pm\infty$	$\pm\infty$	$\pm\infty$
$\lim\limits_{x\to a}\left(f(x)g(x)\right)$	$\pm\infty$	$\pm\infty$	Forme Indéterminée

la règle des signes donne le signe de la limite du produit

Limite de l'inverse d'une fonction (*a* réel ou infini)

$\lim\limits_{x\to a} f(x)$	$\pm\infty$	$\ell\neq 0$	0 et $f(x)<0$ au voisinage de a	0 et $f(x)>0$ au voisinage de a
$\lim\limits_{x\to a}\dfrac{1}{f(x)}$	0	$\dfrac{1}{\ell}$	$-\infty$	$+\infty$

Composition des limites

Soit a, b et c réels ou infinis. Soit une fonction f définie au voisinage de a et une fonction g définie au voisinage de b.

Si $\lim\limits_{x\to a} f(x)=b$ et $\lim\limits_{x\to b} g(x)=c$, alors $\lim\limits_{x\to a} g(f(x))=c$.

Limites usuelles en 0

$$\lim_{x\to 0}\frac{e^x-1}{x}=1\ ;\ \lim_{x\to 0}\frac{\ln(1+x)}{x}=1$$

Croissances comparées

Pour tout couple $(\alpha,\ \beta)$ de réels strictement positifs, on a :

$$\lim_{x\to 0^+} x^\alpha |\ln x|^\beta = 0,\ \lim_{x\to+\infty}\frac{(\ln x)^\beta}{x^\alpha}=0,\ \lim_{x\to+\infty}\frac{e^{\beta x}}{x^\alpha}=+\infty,\ \lim_{x\to-\infty}|x|^\alpha e^{\beta x}=0$$

On a, en particulier :

$$\lim_{x\to 0^+} x\ln x = 0.\qquad \lim_{x\to+\infty}\frac{\ln x}{x}=0.\qquad \lim_{x\to+\infty}\frac{e^x}{x}=+\infty.$$

Pour tout entier naturel n non nul, on a :

$$\lim_{x\to-\infty} x^n e^x = 0$$

Prolongement des inégalités

Si pour tout x d'un voisinage de a (a réel ou infini), on a $f(x)<g(x)$ ou $f(x)\le g(x)$, et si $\lim_{x\to a} f(x)=\ell$ et $\lim_{x\to a} g(x)=\ell'$, alors : $\ell\le\ell'$.

Théorème de comparaison des limites

- Si pour tout x d'un voisinage de a (a réel ou infini), on a $f(x)\le g(x)$, et si $\lim_{x\to a} f(x)=+\infty$, alors $\lim_{x\to a} g(x)=+\infty$.
- Si pour tout réel x dans un voisinage de a (a réel ou infini), on a $f(x)\le g(x)$, et si $\lim_{x\to a} g(x)=-\infty$, alors $\lim_{x\to a} f(x)=-\infty$.

Théorème d'encadrement

Si pour tout x d'un voisinage de a (a réel ou infini), on a $f(x) \leq g(x) \leq h(x)$, si $\lim\limits_{x \to a} f(x) = \ell$ et si $\lim\limits_{x \to a} h(x) = \ell$, alors :

$$\lim_{x \to a} g(x) = \ell$$

Si pour tout x d'un voisinage de a (a réel ou infini), on a $\left| f(x) - \ell \right| \leq g(x)$ et si $\lim\limits_{x \to a} g(x) = 0$, alors $\lim\limits_{x \to a} f(x) = \ell$.

Théorème de la limite monotone

Soit f une fonction de $]a, b[$ dans $\mathbb{R}$.

- Si f est monotone, alors f admet des limites finies à droite et à gauche en tout point de $]a, b[$.
- Comportement en a et en b :

	f croissante	**f décroissante**
f majorée	f a une limite finie en b^-	f a une limite finie en a^+
f non majorée	$\lim\limits_{x \to b^-} f(x) = +\infty$	$\lim\limits_{x \to a^+} f(x) = +\infty$
f minorée	f a une limite finie en a^+	f a une limite finie en b^-
f non minorée	$\lim\limits_{x \to a^+} f(x) = -\infty$	$\lim\limits_{x \to b^-} f(x) = -\infty$

&

L'essence des mathématiques, c'est la liberté.

Georg Cantor

7. NÉGLIGEABILITÉ ET ÉQUIVALENCE (FONCTIONS)

Négligeabilité

Soit a réel ou infini. Une fonction f est *négligeable* devant g au voisinage de a s'il existe une fonction ε de limite nulle en a, telle que $f(x)=\varepsilon(x)g(x)$ au voisinage de a. On note : $f(x) \underset{a}{=} o(g(x))$.

Au voisinage de a, $o(1)$ désigne donc une fonction de limite nulle en a.

Caractérisation de la négligeabilité

Si la fonction g ne s'annule pas au voisinage de a, alors :

$$f(x) \underset{a}{=} o(g(x)) \Leftrightarrow \lim_{x\to a} \frac{f(x)}{g(x)} = 0$$

Négligeabilité et opérations

- Si $f(x) \underset{a}{=} o(h(x))$ et $g(x) \underset{a}{=} o(h(x))$, alors on a :

$$\forall(\alpha,\beta)\in\mathbb{R}^2,\ \alpha f(x)+\beta g(x) \underset{a}{=} o(h(x))$$

- Si $f(x) \underset{a}{=} o(g(x))$ et $g(x) \underset{a}{=} o(h(x))$, alors $f(x) \underset{a}{=} o(h(x))$.

Négligeabilités usuelles

$$\forall\alpha>0,\ \forall\beta>0,\ (\ln x)^\beta \underset{+\infty}{=} o(x^\alpha) \text{ et } x^\alpha \underset{+\infty}{=} o(e^x)$$

Équivalence

Soit a réel ou infini. Les fonctions f et g sont *équivalentes* au voisinage de a lorsqu'il existe une fonction α telle que $\lim_{x\to a}\alpha(x)=1$, et vérifiant $f(x)=\alpha(x)g(x)$ au voisinage de a.

On note : $f(x) \underset{a}{\sim} g(x)$.

Lien entre équivalence et négligeabilité

$$f(x) \underset{a}{\sim} g(x) \Leftrightarrow f(x) \underset{a}{=} g(x) + o(g(x))$$

En d'autres termes :

$$g(x) + o(g(x)) \underset{a}{\sim} g(x)$$

Caractérisation de l'équivalence

Si la fonction g ne s'annule pas au voisinage de a, alors :

$$f(x) \underset{a}{\sim} g(x) \Leftrightarrow \lim_{x \to a} \frac{f(x)}{g(x)} = 1$$

Transitivité

Si $f(x) \underset{a}{\sim} g(x)$ et $g(x) \underset{a}{\sim} h(x)$, alors $f(x) \underset{a}{\sim} h(x)$.

Équivalence et opérations

- Si $f(x) \underset{a}{\sim} g(x)$ et si $h(x) \underset{a}{\sim} k(x)$, alors $f(x)h(x) \underset{a}{\sim} g(x)k(x)$.
- Si $f(x) \underset{a}{\sim} g(x)$, si $h(x) \underset{a}{\sim} k(x)$ et si h et k ne s'annulent pas au voisinage de a, alors $\frac{f(x)}{h(x)} \underset{a}{\sim} \frac{g(x)}{k(x)}$.
- Si $f(x) \underset{a}{\sim} g(x)$, alors : $\forall n \in \mathbb{N}$, $f^n(x) \underset{a}{\sim} g^n(x)$.
- Si $f(x) \underset{a}{\sim} g(x)$, et si de plus f et g ne s'annulent pas au voisinage de a, alors : $\forall n \in \mathbb{Z}_-^*$, $f^n(x) \underset{a}{\sim} g^n(x)$.

On a en particulier : $\frac{1}{f(x)} \underset{a}{\sim} \frac{1}{g(x)}$.

L'équivalence n'est en général pas compatible avec l'addition et la composition des fonctions.

Polynômes et équivalents

Un polynôme non nul est équivalent, au voisinage de 0, à son monôme de plus bas degré.

Un polynôme non nul est équivalent, aux voisinages de $+\infty$ et $-\infty$, à son monôme de plus haut degré.

Équivalents usuels

On désigne par α un nombre réel non nul (indépendant de x).

$e^x - 1 \underset{0}{\sim} x$	$\ln(1+x) \underset{0}{\sim} x$	$(1+x)^\alpha - 1 \underset{0}{\sim} \alpha x$

Équivalents et limites

- Si $f(x) \underset{a}{\sim} g(x)$ et si $\lim\limits_{x \to a} f(x) = \ell$, alors $\lim\limits_{x \to a} g(x) = \ell$ (vrai même si $\ell = +\infty$ ou $\ell = -\infty$).
- Si $\lim\limits_{x \to a} f(x) = \ell$ et si $\ell \neq 0$, alors : $f(x) \underset{a}{\sim} \ell$.

&

On se souviendra d'Archimède
quand on aura oublié Eschyle,
parce que les langues meurent,
mais pas les idées mathématiques.

Godfrey Hardy

8. CONTINUITÉ

Définition

Soit une fonction f définie en un réel x_0.

• f est *continue* en x_0 lorsque f admet une limite finie en x_0, cette limite étant nécessairement égale à $f(x_0)$.

• f est *continue à droite* en x_0 lorsque $\lim_{x \to x_0^+} f(x) = f(x_0)$.

• f est *continue à gauche* en x_0 lorsque $\lim_{x \to x_0^-} f(x) = f(x_0)$.

Continuité, continuité à droite, à gauche

Une fonction f définie en x_0 est continue en x_0 si, et seulement si, f est continue à gauche et à droite en x_0.

Prolongement par continuité

Soit une fonction f définie au voisinage d'un réel x_0, mais pas en x_0. Si f admet une limite finie ℓ en x_0, alors la fonction g, coïncidant avec f sur D_f, et telle que $g(x_0) = \ell$, est continue en x_0.

La fonction g s'appelle le *prolongement par continuité* de f en x_0.

Continuité sur un intervalle

On dit qu'une fonction est continue sur un intervalle I si elle est continue en tout point de I. L'ensemble des fonctions continues sur l'intervalle I est noté $C^0(I)$.

Continuité et fonctions usuelles

Les fonctions polynomiales (en particulier les fonctions constantes), les fonctions rationnelles (quotient de fonctions polynomiales), la fonction *valeur absolue*, les fonctions *logarithme népérien* et *exponentielle*, les fonctions puissances (en particulier la fonction *racine carrée*), sont continues là où elles sont définies.

Continuité et opérations

Si les fonctions f et g sont continues sur un intervalle I, alors :
- $f+g$, λf (où λ est un réel) et $f\,g$ sont continues sur I.
- si, de plus, g ne s'annule pas sur I, alors $\dfrac{f}{g}$ est continue sur I.

Continuité et composition

Si f est continue sur l'intervalle I, à valeurs dans l'intervalle J, et si g est continue sur J, alors $g \circ f$ est continue sur I.

Théorème des valeurs intermédiaires

Soit une fonction f continue sur $[a, b]$, avec $a < b$. Quel que soit le réel λ compris entre $f(a)$ et $f(b)$, il existe (au moins) un réel c appartenant à $[a, b]$ tel que $f(c) = \lambda$.

Conséquence :

L'image d'un intervalle par une fonction continue est un intervalle.

Image d'un segment

Si une fonction f est continue sur le segment $[a,b]$, alors f est bornée sur $[a,b]$ et atteint ses bornes.

Théorème de la bijection

Si une fonction f est continue et strictement monotone sur un intervalle I, alors f définit une bijection de l'intervalle I sur l'intervalle $J = f(I)$, image de I par f.

En outre, la bijection réciproque f^{-1} (bijection de J sur I) est continue sur J, possède le même sens de variation que f, et les courbes représentatives de f et f^{-1} dans un repère orthonormé sont symétriques par rapport à la droite d'équation $y = x$.

9. DÉRIVABILITÉ

Définition

Soit une fonction f définie en un réel x_0.

• La fonction f est *dérivable* en x_0 si $\dfrac{f(x)-f(x_0)}{x-x_0}$ a une limite finie lorsque x tend vers x_0. Cette limite est alors notée $f'(x_0)$ et s'appelle *nombre dérivé* de f en x_0.

• La fonction f est *dérivable à droite* (ou *à gauche*) en x_0 lorsque $\dfrac{f(x)-f(x_0)}{x-x_0}$ admet une limite à droite (ou à gauche) en x_0.

Cette limite est alors appelée *nombre dérivé de f à droite* (ou *à gauche*) *en* x_0, que l'on note $f'_d(x_0)$ (ou $f'_g(x_0)$).

Lien entre dérivée, dérivée à droite, à gauche

La fonction f est dérivable en x_0 si, et seulement si, f est dérivable à droite et à gauche en x_0, et si de plus $f'_d(x_0)=f'_g(x_0)$.

Développement limité d'ordre 1

La fonction f est dérivable en x_0 si, et seulement si, il existe un réel a tel que, au voisinage de x_0 :

$$f(x) \underset{x_0}{=} f(x_0)+a(x-x_0)+o(x-x_0)$$

Dans ce cas, on a : $a=f'(x_0)$. L'égalité est alors appelée *développement limité d'ordre* 1 *de f en* x_0.

Dérivées et tangentes

• Si la fonction f est dérivable en x_0, alors (C_f) admet une tangente au point $(x_0, f(x_0))$ d'équation :

$$y=f'(x_0)(x-x_0)+f(x_0)$$

• Si la fonction f n'est pas dérivable en x_0 mais admet une dérivée à gauche (ou à droite) en x_0, alors on parle de *demi tangente*.

• Si $\dfrac{f(x)-f(x_0)}{x-x_0}$ a une limite infinie lorsque x tend vers x_0, alors (C_f) admet une tangente *verticale* au point $(x_0, f(x_0))$.

Dérivabilité des fonctions usuelles

Les fonctions polynomiales, rationnelles, *exponentielle* et *logarithme*, sont dérivables là où elles sont définies. Les fonctions *valeur absolue*, *racine carrée*, $x \mapsto \sqrt[n]{x}$ (avec n entier naturel non nul), ne sont pas dérivables en 0.

Dérivées des fonctions usuelles

$f(x)$	$f'(x)$
x^α ($\alpha \in \mathbb{R}^*$)	$\alpha x^{\alpha-1}$
$\sqrt{x}$	$\dfrac{1}{2\sqrt{x}}$
e^x	e^x
a^x	$(\ln a)a^x$
$\ln\lvert x\rvert$	$\dfrac{1}{x}$

Si u et v sont des fonctions dérivables :

$(u+\lambda v)'=u'+\lambda v'$	$(u\circ v)'=(u'\circ v)\times v'$	$(uv)'=u'v+uv'$
$\left(\dfrac{1}{u}\right)'=-\dfrac{u'}{u^2}$	$\left(\dfrac{u}{v}\right)'=\dfrac{u'v-uv'}{v^2}$	$\left(\sqrt{u}\right)'=\dfrac{u'}{2\sqrt{u}}$
$(u^\alpha)'=\alpha u'u^{\alpha-1}$	$\left(\ln\lvert u\rvert\right)'=\dfrac{u'}{u}$	$(e^u)'=u'e^u$

Dérivée et sens de variation sur un intervalle *I*

• Si pour tout x de I, $f'(x)\geq 0$ alors f est croissante sur I. Si de plus f' ne s'annule qu'en un nombre fini de points, alors f est strictement croissante sur I.

- Si pour tout x de I, $f'(x) \leq 0$ alors f est décroissante sur I. Si de plus f' ne s'annule qu'en un nombre fini de points, alors f est strictement décroissante sur I.
- Si, pour tout x de I, on a $f'(x) = 0$, alors f est constante sur I.

Dérivée et extremum

Si la fonction f est dérivable sur $]a, b[$, alors elle admet un extremum local en un réel x_0 de $]a, b[$ si, et seulement si :

$$f'(x_0) = 0 \text{ et } f' \text{ change de signe en } x_0$$

Inégalités des accroissements finis

Si f est dérivable sur un intervalle I et s'il existe deux réels m et M tels que, pour tout réel x de I, on a $m \leq f'(x) \leq M$, alors :

$$\forall (a, b) \in I^2,\ a \leq b,\ m(b-a) \leq f(b) - f(a) \leq M(b-a)$$

Si f est dérivable sur un intervalle I et s'il existe un réel k tel que, pour tout réel x de I, on a $|f'(x)| \leq k$, alors :

$$\forall (a, b) \in I^2,\ |f(b) - f(a)| \leq k|b-a|$$

Fonctions de classe C^n, C^∞

Soit une fonction f définie sur un intervalle I de $\mathbb{R}$. Si f est dérivable n fois sur I et si $f^{(n)}$ est continue sur I, alors f est dite *de classe* C^n sur I.

On note $C^n(I)$ l'ensemble des fonctions f de classe C^n sur I.

On note enfin $C^\infty(I)$ l'ensemble des fonctions indéfiniment dérivables sur I, c'est-à-dire de classe C^n sur I, pour tout entier naturel n.

Convexité, concavité

Une fonction f est *convexe* sur I lorsque, pour tout segment $[a,b]$ inclus dans I, et pour tout t de $[0,1]$, on a :

$$f(ta+(1-t)b) \leq t\,f(a)+(1-t)\,f(b)$$

Ceci signifie que la portion de (C_f) sur I est sous ses cordes.

La fonction f est *concave* sur I lorsque, avec les mêmes notations, l'inégalité finale est : $f(ta+(1-t)b) \geq t\,f(a)+(1-t)\,f(b)$.

Convexité d'une fonction de classe C^1

Si une fonction f est de classe C^1 sur un intervalle I, alors :
1) f est convexe sur I si, et seulement si, la portion de (C_f) sur I est au-dessus de chacune de ses tangentes.
2) f est convexe sur I si, et seulement si, f' est croissante sur I.

Convexité d'une fonction de classe C^2

Si une fonction f est de classe C^2 sur I, alors :

$$f \text{ est convexe sur } I \Leftrightarrow \forall x \in I,\ f''(x) \geq 0$$

Point d'inflexion

On dit que le point $(x_0, f(x_0))$ est un *point d'inflexion* de la courbe (C_f) lorsque (C_f) change de concavité en ce point.

Caractérisation de l'inflexion

Si f est de classe C^2, le point $(x_0, f(x_0))$ est un point d'inflexion de (C_f) si, et seulement si, f'' s'annule en changeant de signe en x_0.

"Inégalités de convexité" classiques

Convexité de la fonction exponentielle : $\forall x \in \mathbb{R},\ e^x \geq 1+x$.
Concavité de la fonction logarithme : $\forall x > -1,\ \ln(1+x) \leq x$.

10. SUITES

Majorants, minorants

- La suite (u_n) est *majorée* si : $\exists M \in \mathbb{R}, \forall n \in \mathbb{N}, u_n \leq M$.
- La suite (u_n) est *minorée* si : $\exists m \in \mathbb{R}, \forall n \in \mathbb{N}, u_n \geq m$.
- La suite (u_n) est *bornée* si elle est à la fois majorée et minorée.

Sens de variation

- La suite (u_n) est *croissante* si : $\forall n \in \mathbb{N}, u_{n+1} \geq u_n$.
- La suite (u_n) est *décroissante* si : $\forall n \in \mathbb{N}, u_{n+1} \leq u_n$.
- On définit la stricte croissance et la stricte décroissance en remplaçant les inégalités larges par des inégalités strictes.
- La suite (u_n) est *monotone* si elle est croissante ou décroissante.
- La suite (u_n) est *constante* si : $\forall n \in \mathbb{N}, u_{n+1} = u_n$.
- La suite (u_n) est *stationnaire* si : $\exists n_0 \in \mathbb{N}, \forall n \geq n_0, u_{n+1} = u_n$.

Convergence

La suite (u_n) *converge* vers $\ell \in \mathbb{R}$, et on note $\lim_{n \to +\infty} u_n = \ell$, lorsque tout intervalle ouvert contenant ℓ contient tous les termes de la suite (u_n) sauf un nombre fini d'entre eux.
Une suite qui n'est pas convergente est dite *divergente*.

Convergence et suite bornée

Toute suite convergente est bornée (la réciproque est fausse).

Limite infinie

On dit que (u_n) tend vers $+\infty$, et on écrit $\lim_{n \to +\infty} u_n = +\infty$, lorsque tout intervalle du type $[A, +\infty[$ contient tous les termes de la suite (u_n) sauf un nombre fini d'entre eux.

On dit que (u_n) tend vers $-\infty$, et on écrit $\lim\limits_{n\to+\infty} u_n = -\infty$, lorsque tout intervalle du type $\left]-\infty, B\right]$ contient tous les termes de la suite $(u_n)_{n\in\mathbb{N}}$ sauf un nombre fini d'entre eux.

Convergence et opérations

$\lim\limits_{n\to+\infty} u_n$	$-\infty$	$+\infty$	$-\infty$	ℓ	ℓ
$\lim\limits_{n\to+\infty} v_n$	$-\infty$	$+\infty$	$+\infty$	$+\infty$	$-\infty$
$\lim\limits_{n\to+\infty} (u_n + v_n)$	$-\infty$	$+\infty$	FI	$+\infty$	$-\infty$

$\lim\limits_{n\to+\infty} u_n$	$\pm\infty$	$\pm\infty$	$\pm\infty$
$\lim\limits_{n\to+\infty} v_n$	$\pm\infty$	$\ell \neq 0$	0
$\lim\limits_{n\to+\infty} (u_n v_n)$	$\pm\infty$	$\pm\infty$	FI
FI : forme indéterminée	la règle des signes donne le signe de la limite du produit		

Limite de l'inverse d'une suite

$\lim\limits_{n\to+\infty} u_n$	$\pm\infty$	$\ell \neq 0$	0^-	0^+
$\lim\limits_{n\to+\infty} \dfrac{1}{u_n}$	0	$\dfrac{1}{\ell}$	$-\infty$	$+\infty$

Théorème de la limite monotone

Si (u_n) est croissante et majorée, alors (u_n) est convergente.
Si (u_n) est croissante mais non majorée, alors : $\lim\limits_{n\to+\infty} u_n = +\infty$.
Si (u_n) est décroissante et minorée, alors (u_n) est convergente.
Si (u_n) est décroissante mais non minorée, alors : $\lim\limits_{n\to+\infty} u_n = -\infty$.

Théorème de prolongement des inégalités

Soit deux suites (u_n) et (v_n) telles que $u_n \leq v_n$, au moins à partir d'un certain rang.

- Si (u_n) converge vers ℓ_1 et (v_n) converge vers ℓ_2, alors $\ell_1 \leq \ell_2$.

• Si l'on a $u_n < v_n$ à la place de $u_n \leq v_n$, la conclusion reste $\ell_1 \leq \ell_2$.

Théorème d'encadrement

Soit trois suites (u_n), (v_n) et (w_n) telles que $v_n \leq u_n \leq w_n$, au moins à partir d'un certain rang. Si (v_n) et (w_n) convergent vers la même limite ℓ, alors (u_n) converge et $\lim\limits_{n \to +\infty} u_n = \ell$.

Théorème de comparaison

Soit deux suites (u_n) et (v_n) telles que $u_n \leq v_n$, au moins à partir d'un certain rang.

• Si $\lim\limits_{n \to +\infty} u_n = +\infty$, alors $\lim\limits_{n \to +\infty} v_n = +\infty$.

• Si $\lim\limits_{n \to +\infty} v_n = -\infty$, alors $\lim\limits_{n \to +\infty} u_n = -\infty$.

Convergence et composition

Soit une fonction f de $\mathbb{R}$ dans $\mathbb{R}$ et une suite (u_n).

Si $\lim\limits_{n \to +\infty} u_n = a$ et si $\lim\limits_{x \to a} f(x) = \ell$, alors $\lim\limits_{n \to +\infty} f(u_n) = \ell$.

Théorème du point fixe

Soit une suite (u_n) vérifiant $u_{n+1} = f(u_n)$. Si $\lim\limits_{n \to +\infty} u_n = \ell$ et si f est continue en ℓ, alors on a : $f(\ell) = \ell$.

Suites adjacentes

On dit que deux suites (u_n) et (v_n) sont *adjacentes* lorsque l'une est croissante, l'autre décroissante, et $\lim\limits_{n \to +\infty} (u_n - v_n) = 0$.

Convergence des suites adjacentes

Deux suites adjacentes (u_n) et (v_n) sont convergentes, et de plus elles ont la même limite ℓ.

Si la suite (u_n) est croissante et si la suite (v_n) est décroissante, alors on a : $\forall m \in \mathbb{N}$, $\forall n \in \mathbb{N}$, $u_m \leq \ell \leq v_n$.

Suites extraites de rang pair et de rang impair

Si (u_n) est telle que $\lim\limits_{n\to+\infty} u_{2n} = \lim\limits_{n\to+\infty} u_{2n+1} = \ell$, alors la suite (u_n) converge et de plus : $\lim\limits_{n\to+\infty} u_n = \ell$.

&

En mathématiques, "évident" est le mot le plus dangereux.

Eric Temple Bell

11. NÉGLIGEABILITÉ ET ÉQUIVALENCE (SUITES)

Négligeabilité

La suite (u_n) est *négligeable* devant la suite (v_n) lorsqu'il existe une suite (ε_n) qui converge vers 0 et qui vérifie $u_n = \varepsilon_n v_n$ (à partir d'un certain rang). On note : $u_n \underset{+\infty}{=} o(v_n)$ ou $u_n \underset{n\to+\infty}{=} o(v_n)$.

Caractérisation de la négligeabilité

Si au voisinage de $+\infty$, $v_n \neq 0$, alors :

$$u_n \underset{+\infty}{=} o(v_n) \Leftrightarrow \lim_{n\to+\infty} \frac{u_n}{v_n} = 0$$

Négligeabilité et opérations

- Si $u_n \underset{+\infty}{=} o(v_n)$ et $v_n \underset{+\infty}{=} o(w_n)$, alors : $u_n \underset{+\infty}{=} o(w_n)$.
- Si $u_n \underset{+\infty}{=} o(w_n)$ et $v_n \underset{+\infty}{=} o(w_n)$, alors :

$$\forall (a,b) \in \mathbb{R}^2,\ au_n + bv_n \underset{+\infty}{=} o(w_n)$$

Négligeabilités usuelles

$$\forall \alpha > 0,\ \forall \beta > 0,\ \forall q > 1,\ (\ln n)^\beta \underset{+\infty}{=} o(n^\alpha) \text{ et } n^\alpha \underset{+\infty}{=} o(q^n).$$

Équivalence

Les suites (u_n) et (v_n) sont *équivalentes* s'il existe une suite (α_n) qui converge vers 1 et qui vérifie $u_n = \alpha_n v_n$. On note : $u_n \underset{+\infty}{\sim} v_n$.

Lien entre équivalence et négligeabilité

$$u_n \underset{+\infty}{\sim} v_n \Leftrightarrow u_n \underset{+\infty}{=} v_n + o(v_n)$$

En d'autres termes :

$$v_n + o(v_n) \underset{+\infty}{\sim} v_n$$

Caractérisation de l'équivalence

Si au voisinage de $+\infty$, $v_n \neq 0$, alors :

$$u_n \underset{+\infty}{\sim} v_n \Leftrightarrow \lim_{n\to+\infty} \frac{u_n}{v_n} = 1$$

Équivalence et opérations

- Si $u_n \underset{+\infty}{\sim} v_n$ et si $t_n \underset{+\infty}{\sim} w_n$, alors : $u_n t_n \underset{+\infty}{\sim} v_n w_n$.
- Si $u_n \underset{+\infty}{\sim} v_n$, si $u_n \neq 0$ et si $v_n \neq 0$, alors : $\dfrac{1}{u_n} \underset{+\infty}{\sim} \dfrac{1}{v_n}$.
- Si $u_n \underset{+\infty}{\sim} v_n$, alors : $\forall k \in \mathbb{N}^*$, $u_n{}^k \underset{+\infty}{\sim} v_n{}^k$.
- Si $u_n \underset{+\infty}{\sim} v_n$, si $u_n \neq 0$ et si $v_n \neq 0$, alors : $\forall k \in \mathbb{Z}_-^*$, $u_n{}^k \underset{+\infty}{\sim} v_n{}^k$.

L'équivalence n'est en général pas compatible avec l'addition des suites et la composition par une fonction.

Équivalents usuels

On désigne par α un réel non nul, *indépendant* de n.

Si $\lim\limits_{n\to+\infty} u_n = 0$, alors :

$\ln(1+u_n) \underset{+\infty}{\sim} u_n$	$e^{u_n} - 1 \underset{+\infty}{\sim} u_n$	$(1+u_n)^\alpha - 1 \underset{+\infty}{\sim} \alpha u_n$

Équivalents et limites

- Si $u_n \underset{+\infty}{\sim} v_n$ et si $\lim\limits_{n\to+\infty} u_n = \ell$, alors $\lim\limits_{n\to+\infty} v_n = \ell$.
- Si (u_n) converge vers un réel ℓ **non nul**, alors $u_n \underset{+\infty}{\sim} \ell$.

12. SUITES USUELLES

Suites arithmétiques

On dit que la suite (u_n) est *arithmétique* s'il existe un réel r, indépendant de n, appelé *raison* de (u_n), tel que :

$$\forall n \in \mathbb{N},\ u_{n+1} = u_n + r$$

Forme explicite d'une suite arithmétique

Soit une suite arithmétique (u_n) de raison r. On a alors :

$$\forall n \in \mathbb{N},\ u_n = u_0 + nr$$

Plus généralement, on a :

$$\forall p \in \mathbb{N},\ \forall n \geq p,\ u_n = u_p + (n-p)r$$

Suites géométriques

On dit que la suite (u_n) est *géométrique* s'il existe un réel q, indépendant de n, appelé *raison* de (u_n), tel que :

$$\forall n \in \mathbb{N},\ u_{n+1} = q u_n$$

Forme explicite d'une suite géométrique

Soit une suite géométrique (u_n) de raison q. On a alors :

$$\forall n \in \mathbb{N},\ u_n = u_0 q^n$$

Plus généralement, on a :

$$\forall p \in \mathbb{N},\ \forall n \geq p,\ u_n = u_p\, q^{n-p}$$

Convergence de la suite (q^n)

$\lvert q \rvert < 1$	$q = 1$	$q > 1$	$q \leq -1$
$\lim\limits_{n\to+\infty} q^n = 0$	$\lim\limits_{n\to+\infty} q^n = 1$	$\lim\limits_{n\to+\infty} q^n = +\infty$	(q^n) diverge

Suites arithmético-géométriques

La suite $(u_n)_{n\in\mathbb{N}}$ est *arithmético-géométrique* lorsqu'il existe deux réels a et b, indépendants de n, avec $a \neq 1$, tels que :

$$\forall n \in \mathbb{N},\ u_{n+1} = a u_n + b$$

Étude d'une suite arithmético-géométrique

Si x est le réel vérifiant $x = ax + b$, alors la suite $(u_n - x)_{n\in\mathbb{N}}$ est géométrique de raison a, ce qui permet d'obtenir $u_n - x$, puis u_n.

Suites récurrentes linéaires d'ordre 2 (SRL 2)

La suite (u_n) vérifie une relation de récurrence linéaire d'ordre 2 lorsqu'il existe deux réels a et b, indépendants de n, tels que :

$$\forall n \in \mathbb{N},\ u_{n+2} = a u_{n+1} + b u_n$$

(E) : $x^2 - ax - b = 0$ est appelée *équation caractéristique* de (u_n).

Forme explicite des SRL 2

- Si (E) admet deux solutions réelles r_1 et r_2 distinctes, alors :

$$\exists(\lambda, \mu) \in \mathbb{R}^2,\ \forall n \in \mathbb{N},\ u_n = \lambda r_1^n + \mu r_2^n$$

- Si (E) admet une seule solution r_0, alors :

$$\exists(\lambda, \mu) \in \mathbb{R}^2,\ \forall n \in \mathbb{N},\ u_n = (\lambda + \mu n) r_0^n$$

13. SÉRIES

Somme partielle

Soit une suite (u_n). On appelle *suite des sommes partielles* de la série de terme général u_n la suite (S_n) définie par :

$$\forall n \in \mathbb{N},\ S_n = \sum_{k=0}^{n} u_k$$

Nature d'une série

La série de terme général u_n *converge* lorsque la suite (S_n) des sommes partielles associée converge. Dans ce cas, la limite de (S_n) est appelée *somme de la série* de terme général u_n. On a donc, en cas de convergence :

$$\sum_{k=0}^{+\infty} u_k = \lim_{n \to +\infty} \sum_{k=0}^{n} u_k$$

Dans le cas contraire, on dit que la série *diverge*.

Condition nécessaire de convergence

Si la série de terme général u_n converge, alors $\lim\limits_{n \to +\infty} u_n = 0$.

Séries et combinaisons linéaires

Si les séries de termes généraux u_n et v_n convergent, alors quels que soient les réels a et b, la série de terme général $(au_n + bv_n)$ converge. Dans ce cas, on a :

$$\sum_{n=0}^{+\infty} (au_n + bv_n) = a\sum_{n=0}^{+\infty} u_n + b\sum_{n=0}^{+\infty} v_n$$

Séries absolument convergentes

La série de terme général u_n *converge absolument* lorsque la série de terme général $|u_n|$ converge.

Toute série absolument convergente est convergente.

Absolue convergence et sommation

Si une série converge absolument, alors on ne change ni sa nature, ni sa somme, en changeant l'ordre de sommation de ses termes.

Sommes partielles des séries à termes positifs

La suite (S_n) des sommes partielles associée à une série Σu_n à termes positifs est croissante (car $S_{n+1} - S_n = u_{n+1} \geq 0$).

- Si (S_n) est majorée alors la série de terme général u_n converge.
- Sinon, la série diverge et $\lim\limits_{n \to +\infty} S_n = +\infty$.

Critère d'équivalence

Si $u_n \underset{+\infty}{\sim} v_n$ et si les séries de termes généraux u_n et v_n sont à termes positifs (à partir d'un certain rang), alors elles sont de même nature.

Critère de comparaison

Supposons que $0 \leq u_n \leq v_n$ (à partir d'un certain rang).

- Si la série de terme général v_n converge, alors la série de terme général u_n converge aussi.
- Si la série de terme général u_n diverge, alors la série de terme général v_n diverge aussi.

Critère de négligeabilité

Si $u_n \underset{+\infty}{=} o(v_n)$, si la série de terme général v_n converge et si les séries de termes généraux u_n et v_n sont à termes positifs, alors la série de terme général u_n converge.

Séries géométriques

Les séries $\sum q^k$, $\sum kq^{k-1}$ et $\sum k(k-1)q^{k-2}$, où q est un réel ne dépendant pas de k, sont appelées *séries géométriques* (*dérivées d'ordre* 1 et 2 pour les deux dernières). Elles convergent si et seulement si $|q|<1$. On a alors :

$\sum_{k=0}^{+\infty} q^k = \frac{1}{1-q}$	$\sum_{k=1}^{+\infty} kq^{k-1} = \frac{1}{(1-q)^2}$	$\sum_{k=2}^{+\infty} k(k-1)q^{k-2} = \frac{2}{(1-q)^3}$

Séries de Riemann

On appelle *série de Riemann* toute série dont le terme général est égal à $\frac{1}{n^\alpha}$, où α est un réel ne dépendant pas de n.

Elle converge si, et seulement si : $\alpha > 1$.

Séries exponentielles

On appelle *série exponentielle* toute série de terme général $\frac{x^n}{n!}$, où x est un réel ne dépendant pas de n. Elle converge pour tout réel x, et on a :

$$\sum_{n=0}^{+\infty} \frac{x^n}{n!} = e^x$$

Séries télescopiques

Pour tout entier naturel n non nul, on a : $\sum_{k=0}^{n-1} \left(u_{k-1} - u_k\right) = u_n - u_0$.

Par conséquent :

La série de terme général $u_{n+1} - u_n$ converge si, et seulement si, la suite (u_n) converge.

Si c'est le cas, en notant $\ell = \lim_{n\to+\infty} u_n$, on a : $\sum_{k=0}^{+\infty} \left(u_{k+1} - u_k\right) = \ell - u_0$.

14. ÉQUATIONS DIFFÉRENTIELLES

Équation différentielle (ED) linéaire d'ordre 1

On appelle *équation différentielle linéaire d'ordre 1* toute équation du type $y'+ay=b(t)$, où a est un réel, où la fonction inconnue y et la fonction b sont définies sur un même intervalle I, la fonction b étant continue sur I.

Équation différentielle linéaire homogène associée

Les solutions sur I de l'équation différentielle homogène $y'+ay=0$ (associée à $y'+ay=b(t)$) sont exactement toutes les fonctions définies sur I par : $t \mapsto \lambda e^{-at}$, λ étant un réel quelconque.

Solution particulière

Soit a un réel non nul et b un réel. La fonction constante égale à $\frac{b}{a}$ est une solution particulière de l'équation $y'+ay=b$

Résolution des ED linéaires d'ordre 1

Soit a un réel. Toute solution sur I de l'équation différentielle $y'+ay=b(t)$ (notée E) est de la forme $y=Y+Y_0$, où Y est une solution de l'équation homogène associé à (E) et Y_0 une solution particulière de E.

Principe de superposition

Soit λ_1, λ_2 deux réels et b_1, b_2 deux fonctions continues sur I.

Si y_1 est une solution de l'ED $y'+ay=b_1(t)$ et si y_2 est une solution de l'ED $y'+ay=b_2(t)$ alors $\lambda_1 y_1+\lambda_2 y_2$ est une solution de l'ED $y'+ay=\lambda_1 b_1(t)+\lambda_2 b_2(t)$.

Équation différentielle (ED) linéaire d'ordre 2

On appelle *équation différentielle linéaire d'ordre 2* toute équation du type $y'' + ay' + by = c(t)$, où a et b sont des réels, où la fonction inconnue y et la fonction c sont définies sur un même intervalle I, la fonction c étant continue sur I.

Équation différentielle homogène associée

L'équation différentielle $y'' + ay' + by = 0$ est appelée *équation différentielle homogène* (EDH) associée à $y'' + ay' + by = c(t)$.

Équation caractéristique associée à l'EDH associée

L'équation $r^2 + ar + b = 0$, d'inconnue le réel r, est appelée *équation caractéristique* (EC) associée à l'EDH $y'' + ay' + by = 0$.

Résolution de l'EDH associée

Solutions de l'équation différentielle $y'' + ay' + by = 0$.

i) Si (EC) a deux racines réelles distinctes r_1 et r_2, les solutions de l'ED $y'' + ay' + by = 0$ sont de la forme : $y(t) = \lambda_1 e^{r_1 t} + \lambda_2 e^{r_2 t}$, avec λ_1 et λ_2 des réels quelconques

ii) Si (EC) a une unique racine r_0, les solutions de l'ED $y'' + ay' + by = 0$ sont de la forme $y(t) = (\lambda + \mu t)e^{r_0 t}$, avec λ et μ des réels quelconques.

Résolution des ED linéaires d'ordre 2

Toute solution de l'équation différentielle (E) $y'' + ay' + by = c(t)$ est de la forme $y = Y + Y_0$, où Y est une solution de l'équation homogène associé à (E) et Y_0 une solution particulière de (E).

Solution particulière

Soit b un réel non nul et c un réel. La fonction constante égale à $\frac{c}{b}$ est une solution particulière de l'équation $y'' + ay' + by = c$.

Principe de superposition

Soit λ_1, λ_2 deux réels et c_1, c_2 deux fonctions continues sur I.

Si y_1 est une solution de l'ED $y'' + ay' + by = c_1(t)$ et si y_2 est une solution de l'ED $y'' + ay' + by = c_2(t)$ alors $\lambda_1 y_1 + \lambda_2 y_2$ est une solution de l'ED $y'' + ay' + by = \lambda_1 c_1(t) + \lambda_2 c_2(t)$.

Trajectoire

On appelle *trajectoire* d'une équation différentielle (E) sur I, tout ensemble $\{(t, y(t)),\ t \in I\}$, où y est une solution de (E).

Unicité d'une trajectoire

Soit t_0 un élément de I, y_0 et z_0 deux réels.

i) Il existe une unique solution à l'équation différentielle $y' + ay = b(t)$ telle que : $y(t_0) = y_0$.

ii) Il existe une unique solution à l'équation différentielle $y'' + ay' + by = c(t)$ telle que : $y(t_0) = y_0$ et $y'(t_0) = z_0$.

Trajectoire d'équilibre et trajectoire convergente

On appelle *trajectoire d'équilibre* d'une équation différentielle toute trajectoire associée à une solution constante de cette équation différentielle.

On dit qu'une trajectoire $\{(t, y(t)),\ t \in I\}$ d'une équation différentielle *converge* si $y(t)$ possède une limite finie quand t tend vers $+\infty$.

15. SYSTÈMES DIFFÉRENTIELS

Système différentiel

On appelle *système différentiel linéaire*, à coefficients constants, à n inconnues tout système constitué de n équations différentielles dont l'écriture générale est :

$$(S) : \begin{cases} x_1'(t) = a_{1,1}x_1(t) + a_{1,2}x_2(t) + \ldots + a_{1,n}x_n(t) \\ x_2'(t) = a_{2,1}x_1(t) + a_{2,2}x_2(t) + \ldots + a_{2,n}x_n(t) \\ \vdots \\ x_n'(t) = a_{n,1}x_1(t) + a_{n,2}x_2(t) + \ldots + a_{n,n}x_n(t) \end{cases}$$

Résoudre un tel système, c'est trouver toutes les familles de fonctions $(x_1, x_2, \ldots, x_n)$ vérifiant simultanément les n équations du système.

Écriture matricielle

En notant $X = \begin{pmatrix} x_1(t) \\ x_2(t) \\ \vdots \\ x_n(t) \end{pmatrix}$, $X' = \begin{pmatrix} x_1'(t) \\ x_2'(t) \\ \vdots \\ x_n'(t) \end{pmatrix}$ et $A = (a_{i,j})_{(i,j)\in[\![1,n]\!]}$, on a :

$$(S) \Leftrightarrow X' = AX$$

Lien entre EDH d'ordre 2 et système différentiel

On désigne par a et b des réels.

En posant $X = \begin{pmatrix} x(t) \\ x'(t) \end{pmatrix}$ et $A = \begin{pmatrix} 0 & 1 \\ -b & -a \end{pmatrix}$, on obtient :

$$x''(t) + ax'(t) + bx(t) = 0 \Leftrightarrow X' = AX$$

Unicité des solutions

Soit t_0 un élément de I et n réels $x_1^0, x_2^0, ..., x_n^0$.

Il existe une unique solution au système (S) vérifiant les *conditions initiales* :

$$\forall k \in [\![1,n]\!],\ x_k(t_0) = x_k^0$$

Résolution dans le cas A diagonalisable

On considère un système différentiel du type $X' = AX$ et on suppose que **A est diagonalisable**. On note alors $(U_1, U_2, ..., U_n)$ une base de $\mathcal{M}_{n,1}(\mathbb{R})$ constituée de vecteurs propres de A et $\lambda_1, \lambda_2, ..., \lambda_n$ les n valeurs propres (non nécessairement distinctes) associées.

L'ensemble des solutions du système $X' = AX$ est :

$$\left\{ X : t \mapsto \sum_{k=1}^{n} \alpha_k e^{\lambda_k t} U_k, \forall k \in [\![1,n]\!], \alpha_k \in \mathbb{R} \right\}$$

Trajectoire

On appelle *trajectoire* d'un système différentiel linéaire $X' = AX$ tout ensemble $\{(x_1(t), x_2(t), ..., x_n(t)),\ t \in \mathbb{R}\}$, où $\begin{pmatrix} x_1(t) \\ x_2(t) \\ \vdots \\ x_n(t) \end{pmatrix}$ est une solution de $X' = AX$.

État d'équilibre

On appelle *point d'équilibre* ou *état d'équilibre* du système différentiel (S) toute solution de (S) constituée de fonctions constantes.

Convergence

On dit qu'une trajectoire $\{(x_1(t), x_2(t), \ldots, x_n(t)),\ t \in \mathbb{R}\}$ d'un système linéaire $X' = AX$, *converge* si, pour tout i de $[\![1, n]\!]$, la fonction x_i possède une limite finie quand t tend vers $+\infty$.
En notant, pour tout i de $[\![1, n]\!]$, $\lim\limits_{t \to +\infty} x_i(t) = \ell_i$, on dit alors que cette trajectoire converge vers le n-uplet $(\ell_1, \ell_2, \ldots, \ell_n)$.
Sinon, on dit que la trajectoire diverge.

Convergence dans le cas A diagonalisable

On considère un système différentiel du type $X' = AX$ et on suppose que ***A* est diagonalisable**.

- Si toutes les valeurs propres de A sont négatives ou nulles, toutes les trajectoires du système convergent vers un point d'équilibre et on dit que ce point d'équilibre est *stable*.
- Sinon, il existe des trajectoires divergentes.

L'étude des mathématiques,
en comprimant la sensibilité et l'imagination,
rend quelquefois l'explosion des passions terrible.

Monseigneur Dupanloup

16. INTÉGRATION SUR UN SEGMENT

Intégrale et primitive

Soit une fonction f continue sur un intervalle I et F une primitive de f sur I. On a l'égalité fondamentale suivante :

$$\forall(a,b)\in I^2,\ \int_a^b f(x)\mathrm{d}x = F(b)-F(a)$$

Tableaux des primitives

$f(x)$	$F(x)$
a ($a\in\mathbb{R}$)	ax
x^α ($\alpha\neq-1$)	$\dfrac{x^{\alpha+1}}{\alpha+1}$
e^x	e^x
$\ln x$	$x\ln x - x$

$f(x)$	$F(x)$
$\dfrac{1}{x}$	$\ln\lvert x\rvert$
$\dfrac{1}{\sqrt{x}}$	$2\sqrt{x}$
a^x $a>0$	$\dfrac{a^x}{\ln a}$

f	F
$au'+bv'$ $(a,b)\in\mathbb{R}^2$	$au+bv$
$u'u^\alpha$ ($\alpha\neq-1$)	$\dfrac{u^{\alpha+1}}{\alpha+1}$
$u'e^u$	e^u
Dans ce tableau u et v sont des fonctions	

f	F
$\dfrac{u'}{u}$	$\ln\lvert u\rvert$
$\dfrac{u'}{\sqrt{u}}$	$2\sqrt{u}$
$u'a^u$ ($a>0$)	$\dfrac{a^u}{\ln a}$

Linéarité de l'intégration

Soit deux fonctions f et g continues sur le segment $[a,b]$. On a :

$$\forall(\lambda,\mu)\in\mathbb{R}^2,\ \int_a^b(\lambda f(x)+\mu g(x))\mathrm{d}x = \lambda\int_a^b f(x)\mathrm{d}x + \mu\int_a^b g(x)\mathrm{d}x$$

Relation de Chasles

Soit une fonction f continue sur un intervalle I.

$$\forall(a,b,c)\in I^3,\ \int_a^b f(x)\mathrm{d}x=\int_a^c f(x)\mathrm{d}x+\int_c^b f(x)\mathrm{d}x$$

Positivité de l'intégrale

Si f est continue, positive sur $[a,b]$, avec $a\leq b$, alors on a :

$$\int_a^b f(x)\mathrm{d}x\geq 0$$

Cas de stricte positivité

- Si une fonction f est continue, positive sur $[a,b]$, avec $\boldsymbol{a<b}$, et si f n'est pas la fonction nulle, alors on a : $\int_a^b f(x)\mathrm{d}x>0$.
- Si une fonction f est continue, positive sur $[a,b]$, si $\boldsymbol{a<b}$, et si $\int_a^b f(x)\mathrm{d}x=0$, alors la fonction f est nulle sur $[a,b]$.

Croissance de l'intégrale

Soit deux fonctions f et g continues sur $[a,b]$, avec $a\leq b$.
Si pour tout réel x de $[a,b]$, on a $f(x)\leq g(x)$, alors :

$$\int_a^b f(x)\mathrm{d}x\leq\int_a^b g(x)\mathrm{d}x$$

Inégalité triangulaire

Si a et b sont deux réels tels que $a\leq b$ et si f est une fonction continue sur $[a,b]$, alors on a :

$$\left|\int_a^b f(t)\mathrm{d}t\right|\leq\int_a^b |f(t)|\mathrm{d}t$$

Intégrale fonction de sa borne supérieure

Soit une fonction f continue sur un intervalle I, a un élément de I et G la fonction définie par : $\forall x \in I,\ G(x) = \int_a^x f(t)\,\mathrm{d}t$.

La fonction G est de classe C^1 sur I et c'est **la** primitive de f qui s'annule en a.

Intégrale et aire

Si f est continue et positive sur $[a,b]$, avec $a \leq b$, alors $\int_a^b f(x)\,\mathrm{d}x$ est égale à l'*aire* de la surface comprise entre les droites d'équations $x = a$ et $x = b$, l'axe des abscisses et la courbe représentative de f dans un repère orthogonal.

Intégration par parties

Pour toutes fonctions u et v de classe C^1 sur $[a,b]$, on a :

$$\int_a^b u'(x)v(x)\,\mathrm{d}x = \left[u(x)v(x)\right]_a^b - \int_a^b u(x)v'(x)\,\mathrm{d}x$$

Changement de variable

Soit une fonction f continue sur un intervalle I, et φ une fonction de classe C^1 sur $[a,b]$, telle que $\varphi([a,b]) \subset I$. On a alors :

$$\int_a^b f(\varphi(x))\varphi'(x)\,\mathrm{d}x = \int_{\varphi(a)}^{\varphi(b)} f(u)\,\mathrm{d}u$$

17. DÉVELOPPEMENTS LIMITÉS

Formule de Taylor-Young

Si f est de classe C^2 sur I, et si a est un réel de I alors, lorsque x est au voisinage de a, on a :

$$f(x) \underset{a}{=} f(a) + f'(a)\frac{(x-a)}{1!} + f''(a)\frac{(x-a)^2}{2!} + o\big((x-a)^2\big)$$

En posant $h = x-a$, on obtient, lorsque h est au voisinage de 0 :

$$f(a+h) \underset{0}{=} f(a) + f'(a)\frac{h}{1!} + f''(a)\frac{h^2}{2} + o(h^2)$$

Développement limité d'ordre 1

On dit qu'une fonction f définie au voisinage d'un réel x_0 admet un *développement limité d'ordre* 1 en x_0 lorsqu'il existe deux réels a et b tels que, au voisinage de x_0 :

$$f(x) \underset{x_0}{=} a + b(x-x_0) + o(x-x_0)$$

Développement limité d'ordre 2

On dit qu'une fonction f définie au voisinage d'un réel x_0 admet un *développement limité d'ordre* 2 en x_0 lorsqu'il existe trois réels a, b et c tels que, au voisinage de x_0 :

$$f(x) \underset{x_0}{=} a + b(x-x_0) + c(x-x_0)^2 + o\big((x-x_0)^2\big)$$

Unicité

Si f admet un développement limité à un ordre donné (1 ou 2), alors ce développement limité est unique.

Existence

Si une fonction est de classe C^1 (respectivement C^2) au voisinage de x_0, alors elle admet un développement limité d'ordre 1 (respectivement 2) en x_0.

Développement limité et tangente

Si $f(x) \underset{x_0}{=} f(x_0) + a(x - x_0) + b(x - x_0)^2 + o\left((x - x_0)^2\right)$, alors la tangente à la courbe (C_f) au point d'abscisse x_0 a pour équation :

$$y = f(x_0) + a(x - x_0)$$

(C_f) est localement au-dessus de la tangente si $b > 0$ et en dessous de la tangente si $b < 0$.

Développements limités usuels

$$\forall \alpha \in \mathbb{R},\ (1+x)^\alpha \underset{0}{=} 1 + \frac{\alpha}{1!}x + \frac{\alpha(\alpha-1)}{2!}x^2 + o\left(x^2\right)$$

$$\ln(1+x) \underset{0}{=} x - \frac{x^2}{2} + o\left(x^2\right)$$

$$\mathrm{e}^x \underset{0}{=} 1 + \frac{x}{1!} + \frac{x^2}{2!} + o\left(x^2\right)$$

Cas particuliers du premier développement limité ci-dessus (à savoir retrouver) :

Avec $\alpha = -1$: $\dfrac{1}{1+x} \underset{0}{=} 1 - x + x^2 + o\left(x^2\right)$

Avec $\alpha = \dfrac{1}{2}$: $\sqrt{1+x} \underset{0}{=} 1 + \dfrac{1}{2}x - \dfrac{1}{8}x^2 + o\left(x^2\right)$

Avec $\alpha = -\dfrac{1}{2}$: $\dfrac{1}{\sqrt{1+x}} \underset{0}{=} 1 - \dfrac{1}{2}x + \dfrac{3}{8}x^2 + o\left(x^2\right)$

18. INTÉGRALES IMPROPRES

Intégrale $\int_a^{+\infty} f(t)\mathrm{d}t$

Si f est continue (ou continue par morceaux) sur $[a,+\infty[$, on dit que l'intégrale impropre $\int_a^{+\infty} f(t)\mathrm{d}t$ *converge* si $\int_a^x f(t)\mathrm{d}t$ admet une limite finie lorsque x tend vers $+\infty$.
On a alors :

$$\int_a^{+\infty} f(t)\mathrm{d}t = \lim_{x\to+\infty} \int_a^x f(t)\mathrm{d}t$$

Si cette limite n'est pas finie, on dit que l'intégrale *diverge*.

Intégrale $\int_a^{+\infty} f(t)\mathrm{d}t$ avec f positive

Si f est une fonction continue et positive sur $[a,+\infty[$, l'intégrale $\int_a^{+\infty} f(t)\mathrm{d}t$ converge si, et seulement si, la fonction $x \mapsto \int_a^x f(t)\mathrm{d}t$ est majorée sur $[a,+\infty[$.

Intégrales de Riemann (impropres en $+\infty$)

Pour tout réel a strictement positif, l'intégrale $\int_a^{+\infty} \frac{1}{x^\alpha}\mathrm{d}x$ converge si, et seulement si : $\alpha > 1$.

Autres intégrales de référence

L'intégrale $\int_0^{+\infty} \mathrm{e}^{-\lambda x}\mathrm{d}x$ converge si, et seulement si, $\lambda > 0$.

En cas de convergence, on a $\int_0^{+\infty} \mathrm{e}^{-\lambda x}\mathrm{d}x = \frac{1}{\lambda}$ (référence à la loi exponentielle).

L'intégrale $\int_{-\infty}^{+\infty} e^{-x^2/2}\,dx$ converge et vaut $\sqrt{2\pi}$ (référence à la loi normale centrée réduite).

Intégrale $\int_{-\infty}^{b} f(t)\mathrm{d}t$

Si f est continue (ou continue par morceaux) sur $]-\infty, b]$, on dit que l'intégrale $\int_{-\infty}^{b} f(t)\mathrm{d}t$ *converge* si $\int_{x}^{b} f(t)\mathrm{d}t$ admet une limite finie lorsque x tend vers $-\infty$.

On a alors : $\int_{-\infty}^{b} f(t)\mathrm{d}t = \lim\limits_{x\to-\infty} \int_{x}^{b} f(t)\mathrm{d}t$

Si cette limite n'est pas finie, on dit que l'intégrale *diverge*.

Intégrale $\int_{-\infty}^{b} f(t)\mathrm{d}t$ avec f positive

Si f est une fonction continue et positive sur $]-\infty, b]$, l'intégrale $\int_{-\infty}^{b} f(t)\mathrm{d}t$ converge si, et seulement si, la fonction $x \mapsto \int_{x}^{b} f(t)\mathrm{d}t$ est majorée sur $]-\infty, b]$.

Extension au cas $\int_{-\infty}^{+\infty} f(t)\mathrm{d}t$

L'intégrale $\int_{-\infty}^{+\infty} f(t)\mathrm{d}t$ est dite convergente lorsque, pour un réel c arbitrairement choisi (on prend souvent $c = 0$), les intégrales, $\int_{-\infty}^{c} f(t)\mathrm{d}t$ et $\int_{c}^{+\infty} f(t)dt$ convergent. On pose alors :

$$\int_{-\infty}^{+\infty} f(t)\mathrm{d}t = \int_{-\infty}^{c} f(t)\mathrm{d}t + \int_{c}^{+\infty} f(t)\mathrm{d}t$$

Si au moins l'une des deux intégrales $\int_{-\infty}^{c} f(t)\mathrm{d}t$ et $\int_{c}^{+\infty} f(t)\mathrm{d}t$ diverge, alors l'intégrale $\int_{-\infty}^{+\infty} f(t)\mathrm{d}t$ est divergente.

Parité-imparité

Si f est **paire** et si $\int_0^{+\infty} f(t)\mathrm{d}t$ converge, alors on a :

$$\int_{-\infty}^{+\infty} f(t)\mathrm{d}t = 2\int_0^{+\infty} f(t)\mathrm{d}t$$

Si f est **impaire** et si $\int_0^{+\infty} f(t)\mathrm{d}t$ converge, alors on a :

$$\int_{-\infty}^{+\infty} f(t)\mathrm{d}t = 0$$

Critère d'équivalence

Soit f et g deux fonctions continues sur $[a,+\infty[$.

Si f et g sont de signe constant au voisinage de $+\infty$ et si $f(t) \underset{+\infty}{\sim} g(t)$, alors les intégrales $\int_a^{+\infty} f(t)\mathrm{d}t$ et $\int_a^{+\infty} g(t)\mathrm{d}t$ sont de même nature (soit convergentes, soit divergentes).

Critère de comparaison

Soit f et g deux fonctions continues sur $[a,+\infty[$.

- Si, au voisinage de $+\infty$, $0 \leq f(t) \leq g(t)$, et si $\int_a^{+\infty} g(t)\mathrm{d}t$ converge, alors $\int_a^{+\infty} f(t)\mathrm{d}t$ converge.
- Si, au voisinage de $+\infty$, $0 \leq f(t) \leq g(t)$, et si $\int_a^{+\infty} f(t)\mathrm{d}t$ diverge, alors $\int_a^{+\infty} g(t)\mathrm{d}t$ diverge.

Critère de négligeabilité

Soit f et g deux fonctions continues sur $[a,+\infty[$.

Si f et g sont positives au voisinage de $+\infty$, si $f(t) \underset{b}{=} o(g(t))$, et si l'intégrale $\int_a^{+\infty} g(t)\mathrm{d}t$ converge, alors l'intégrale $\int_a^{+\infty} f(t)\mathrm{d}t$ converge.

Les critères précédents restent valables dans le cas des intégrales de fonctions continues sur $]-\infty, b]$, impropres en $-\infty$: il suffit de remplacer $+\infty$ par $-\infty$, et de remplacer les intégrales $\int_a^{+\infty}$ par les intégrales $\int_{-\infty}^{b}$.

Convergence absolue

$\int_a^{+\infty} f(t)\,\mathrm{d}t$ est *absolument convergente* si $\int_a^{+\infty} |f(t)|\,\mathrm{d}t$ converge.

$\int_{-\infty}^{b} f(t)\,\mathrm{d}t$ est *absolument convergente* si $\int_{-\infty}^{b} |f(t)|\,\mathrm{d}t$ converge.

Toute intégrale absolument convergente est convergente, mais la réciproque est fausse.

Intégration par parties

On ne procède pas à une intégration par parties sur une intégrale impropre. On se ramène à une intégrale définie sur un segment, on fait l'intégration par parties, puis on passe à la limite.

Changement de variable

On ne procède pas à un changement de variable directement dans une intégrale impropre. On se ramène à une intégrale définie sur un segment et on passe ensuite à la limite.

Les changements de variables affines pourront être utilisés directement sur des intégrales sur un intervalle quelconque.

Linéarité

Si $\int_a^{+\infty} f(t)\,\mathrm{d}t$ et $\int_a^{+\infty} g(t)\,\mathrm{d}t$ convergent, alors quels que soient les réels λ et μ, l'intégrale $\int_a^{+\infty} (\lambda f(t) + \mu g(t))\,\mathrm{d}t$ converge et on a :

$$\int_a^{+\infty} (\lambda f(t) + \mu g(t))\,\mathrm{d}t = \lambda \int_a^{+\infty} f(t)\,\mathrm{d}t + \mu \int_a^{+\infty} g(t)\,\mathrm{d}t$$

Relation de Chasles

Soit f une fonction continue sur $[a,+\infty[$ et c un réel de $[a,+\infty[$. Si l'intégrale $\int_a^{+\infty} f(t)\,\mathrm{d}t$ converge, alors :

$$\int_a^{+\infty} f(t)\,\mathrm{d}t = \int_a^c f(t)\,\mathrm{d}t + \int_c^{+\infty} f(t)\,\mathrm{d}t$$

Positivité de l'intégrale

Si f est positive sur $[a,+\infty[$ et si l'intégrale $\int_a^{+\infty} f(t)\,\mathrm{d}t$ converge, alors $\int_a^{+\infty} f(t)\,\mathrm{d}t \geq 0$.

Cas de stricte positivité

Si une fonction f est continue, positive sur $[a,+\infty[$ et si $\int_a^{+\infty} f(x)\,\mathrm{d}t = 0$, alors la fonction f est nulle sur $[a,+\infty[$.

Croissance de l'intégrale

Si pour tout réel t de $[a,+\infty[$, $f(t) \leq g(t)$ et si les intégrales impropres $\int_a^{+\infty} f(t)\,\mathrm{d}t$ et $\int_a^{+\infty} g(t)\,\mathrm{d}t$ convergent, alors on a :

$$\int_a^{+\infty} f(t)\,\mathrm{d}t \leq \int_a^{+\infty} g(t)\,\mathrm{d}t$$

Les résultats précédents restent valables dans le cas des intégrales de fonctions continues sur $]-\infty,b]$ en changeant $[a,+\infty[$ en $]-\infty,b]$ et $\int_a^{+\infty}$ en $\int_{-\infty}^{b}$.

19. FONCTIONS DE 2 VARIABLES : CONTINUITÉ

Définition

On appelle *fonction numérique réelle de deux variables réelles* (que l'on abrègera en *fonction de deux variables*), toute application définie sur $\mathbb{R}^2$ ou une partie de $\mathbb{R}^2$ (son *ensemble de définition*) et à valeurs dans $\mathbb{R}$.

Graphe

On appelle graphe d'une fonction f, définie sur une partie D de $\mathbb{R}^2$, l'ensemble des points de l'espace (x, y, z) tels que (x, y) appartient à D et $z = f(x, y)$.

Ligne de niveau

Soit une fonction de deux variables f, définie sur une partie D de $\mathbb{R}^2$. Pour tout réel λ, on appelle *ligne de niveau* λ de f, l'ensemble $\{(x, y) \in D,\ f(x, y) = \lambda\}$.

Distance dans $\mathbb{R}^2$

Soit deux points $A = (x_A, y_A)$ et $B = (x_B, y_B)$ de $\mathbb{R}^2$. On appelle *distance euclidienne* de A à B, le réel $d(A, B)$ défini par :

$$d(A,B) = \sqrt{(x_B - x_A)^2 + (y_B - y_A)^2}$$

Parties ouvertes, parties fermées

Une partie U de $\mathbb{R}^2$ est un *ouvert* si elle est vide, ou si, pour tout point A de U, il existe un réel $r > 0$ tel que tout point M vérifiant $d(A,M) < r$ appartient à U.

Une partie est *fermée* si son complémentaire est un ouvert de $\mathbb{R}^2$.

Parties bornées

Une partie U de $\mathbb{R}^2$ est dite *bornée* lorsqu'il existe un réel K strictement positif tel que, pour tout point (x, y) de U, on a :

$$x^2 + y^2 \leq K$$

Fonctions continues sur une partie de $\mathbb{R}^2$

Soit une fonction f définie sur une partie U de $\mathbb{R}^2$ et un point M_0 de U. On dit que f est continue en M_0 lorsque, pour tout réel ε strictement positif, il existe un réel α strictement positif tel que, pour tout point M de U on a:

$$d(M, M_0) \leq \alpha \Rightarrow \left| f(M) - f(M_0) \right| \leq \varepsilon$$

On dit que f est *continue* sur une partie U de $\mathbb{R}^2$ lorsque f est continue en chaque point de U.

Les fonctions coordonnées $(x, y) \mapsto x$ et $(x, y) \mapsto y$ et les fonctions polynomiales de deux variables sont continues sur $\mathbb{R}^2$.

Continuité et opérations

Somme, combinaisons linéaires, produit et quotient bien défini de fonctions continues sur une partie U de $\mathbb{R}^2$, sont continues sur U.

Continuité et composition

Si f est continue sur U (partie de $\mathbb{R}^2$), à valeurs dans un intervalle I de $\mathbb{R}$, et si φ est une fonction continue sur I, à valeurs dans $\mathbb{R}$, alors $\varphi \circ f$ est continue sur U.

Continuité et extremums

Une fonction continue sur une partie U fermée et bornée de $\mathbb{R}^2$ est bornée sur U, et elle atteint ses bornes (c'est-à-dire qu'elle y admet un maximum global et un minimum global).

Il est difficile de faire la différence entre un mathématicien qui dort et un mathématicien qui travaille.

André Lichnerowicz

20. FONCTIONS DE 2 VARIABLES : CALCUL DIFFÉRENTIEL ET EXTREMUMS

Dans ce chapitre, U désigne un ouvert de $\mathbb{R}^2$.

Dérivées partielles d'ordre 1

Soit f une fonction de U dans $\mathbb{R}$ et (x_0, y_0) un élément de U.

Si la fonction $u : x \mapsto f(x, y_0)$ est dérivable en x_0, alors le nombre dérivé $u'(x_0)$ est appelé dérivée partielle d'ordre 1 de f par rapport à la première variable en (x_0, y_0) et est noté $\partial_1 f(x_0, y_0)$. On a donc :

$$\partial_1 f(x_0, y_0) = \lim_{h \to 0} \frac{f(x_0 + h, y_0) - f(x_0, y_0)}{h}$$

Si $\partial_1 f(x, y)$ existe pour tout point (x, y) de U, la fonction définie sur U par $(x, y) \mapsto \partial_1 f(x, y)$ est appelée fonction dérivée partielle d'ordre 1 de f par rapport à x.

Soit f une fonction de U dans $\mathbb{R}$ et (x_0, y_0) un élément de U.

Si la fonction $v : y \mapsto f(x_0, y)$ est dérivable en y_0, alors le nombre dérivé $v'(y_0)$ est appelé dérivée partielle d'ordre 1 de f par rapport à la deuxième variable en (x_0, y_0), et est noté $\partial_2 f(x_0, y_0)$. On a donc :

$$\partial_2 f(x_0, y_0) = \lim_{h \to 0} \frac{f(x_0, y_0 + h) - f(x_0, y_0)}{h}$$

Si $\partial_2 f(x, y)$ existe pour tout point (x, y) de U, la fonction définie sur U par $(x, y) \mapsto \partial_2 f(x, y)$ est appelée fonction dérivée partielle d'ordre 1 de f par rapport à y.

Gradient

On appelle gradient de f en (x,y), le vecteur de $\mathcal{M}_{2,1}(\mathbb{R})$, noté $\nabla f(x,y)$, ce qu'on lit « nabla de f en (x,y) » ou « nabla f de (x,y) », défini par : $\nabla f(x,y) = \begin{pmatrix} \partial_1 f(x,y) \\ \partial_2 f)(x,y) \end{pmatrix}$.

Fonctions de classe C¹

Une fonction f est de classe C^1 sur U, si elle y admet des dérivées partielles d'ordre 1 continues par rapport à chaque variable.

Classe C¹ et opérations

- Les fonctions coordonnées et les fonctions polynomiales de deux variables sont de classe C^1 sur $\mathbb{R}^2$.
- Somme, combinaisons linéaires, produit et quotient bien défini de fonctions de classe C^1 sur U, sont de classe C^1 sur U.
- Si f est de classe C^1 sur U, à valeurs dans une partie I de $\mathbb{R}$, et si φ est de classe C^1 sur I, à valeurs dans $\mathbb{R}$, alors $\varphi \circ f$ est de classe C^1 sur U.

Développement limité d'ordre 1 (non exigible)

Si f est de classe C^1 sur $\mathbb{R}^2$, alors pour tout point $a=(x,y)$ de $\mathbb{R}^2$, il existe une fonction ε continue en $(0,0)$ et nulle en (0,0), telle que, pour tout couple de réels (h, k), on a :

$$f(x+h, y+k) = f(a) + \partial_1 f(a)h + \partial_2 f(a)k + \sqrt{h^2+k^2}\,\varepsilon(h,k)$$

Le programme précise que le résultat ci-dessus n'est pas exigible.

Dérivées partielles d'ordre 2

Soit f une fonction admettant des dérivées partielles d'ordre 1 sur U.

Si $\partial_1 f$ admet elle-même une dérivée partielle par rapport à la première variable sur U, alors on dit que f possède une *dérivée partielle d'ordre* 2 *par rapport à la première variable* sur U, et on la note $\partial^2_{1,1} f$.

Si $\partial_1 f$ admet une dérivée partielle par rapport à la deuxième variable sur U, alors on dit que f possède une *dérivée partielle d'ordre 2 par rapport à la première variable puis par rapport à la deuxième variable* sur U, et on la note $\partial^2_{2,1} f$.

Si $\partial_2 f$ admet une dérivée partielle par rapport à la première variable sur U, alors on dit que f possède une *dérivée partielle d'ordre 2 par rapport à la deuxième variable, puis par rapport à la première variable* sur U, et on la note $\partial^2_{1,2} f$.

Si $\partial_2 f$ admet une dérivée partielle par rapport à la deuxième variable sur U, alors on dit que f possède une *dérivée partielle d'ordre 2 par rapport à la deuxième variable* sur U, et on la note $\partial^2_{2,2} f$.

Hessienne

On appelle matrice hessienne (ou plus simplement hessienne) de f en (x, y), la matrice de $\mathcal{M}_2(\mathbb{R})$, notée $\nabla^2 f(x, y)$, ce qu'on lit « nabla deux de f en (x, y) », définie par :

$$\nabla^2 f(x,y) = \begin{pmatrix} \partial^2_{1,1} f(x,y) & \partial^2_{1,2} f(x,y) \\ \partial^2_{2,1} f(x,y) & \partial^2_{2,2} f(x,y) \end{pmatrix}$$

Fonction de classe C²

On dit que f est de classe C^2 sur U si f admet des dérivées partielles d'ordre 2 continues sur U.

La matrice hessienne en tout point (x, y) de U, d'une fonction f de classe C^2 sur U est symétrique.

Fonctions usuelles de classe C²

Les fonctions coordonnées et les fonctions polynomiales de deux variables sont de classe C^2 sur $\mathbb{R}^2$.

Classe C² et opérations

Somme, combinaisons linéaires, produit et quotient bien défini de fonctions de classe C^2 sur U, sont de classe C^2 sur U.

Classe C² et composition

Si f est de classe C^2 sur U, à valeurs dans une partie I de $\mathbb{R}$, et si φ est de classe C^2 sur I et à valeurs dans $\mathbb{R}$, alors $\varphi \circ f$ est de classe C^2 sur U.

Théorème de Schwarz

Si f est de classe C^2 sur U, alors on a : $\partial^2_{1,2}(f) = \partial^2_{2,1}(f)$.

Extremum local, extremum global

On dit que f (définie sur U) admet un maximum *local* en (x_0, y_0) lorsqu'il existe une boule B ouverte, centrée en (x_0, y_0) telle que, pour tout (x, y) de $B \cap U$, on a $f(x, y) \leq f(x_0, y_0)$.
En clair, f admet un maximum *local* en (x_0, y_0) si l'inégalité $f(x, y) \leq f(x_0, y_0)$ est vraie pour des (x, y) qui sont "autour" de (x_0, y_0).
Le maximum est *global* lorsque l'inégalité est vraie sur tout U.

On définit de même les notions de minimum, local ou global, en changeant le sens de l'inégalité.

Fonction continue sur un fermé borné

Une fonction continue sur une partie A, fermée et bornée de $\mathbb{R}^2$, est bornée sur A, et elle atteint ses bornes (c'est-à-dire qu'elle y admet un maximum global et un minimum global).

Point critique

Soit f une fonction admettant des dérivées partielles d'ordre 1 sur un **ouvert** U. On appelle *point critique* de f sur U tout point (x, y) de U en lequel le gradient de f s'annule, c'est-à-dire :

$$\partial_1 f(x,y)=0 \text{ et } \partial_2 f(x,y)=0$$

Condition nécessaire d'extremum

Soit une fonction f est de classe C^1 sur un **ouvert** U de $\mathbb{R}^2$. Si f admet un extremum (local ou global) en un point A de U, alors A est un point critique de f.

Condition suffisante d'extremum

Soit une fonction f de classe C^2 sur un **ouvert** U de $\mathbb{R}^2$ et $a=(x_0, y_0)$ un **point critique** de f sur U.

- Si toutes les valeurs propres de $\nabla^2 f(a)$ sont strictement positives, alors f a un minimum local en a.
- Si toutes les valeurs propres de $\nabla^2 f(a)$ sont strictement négatives, alors f a un maximum local en a.
- Si $\nabla^2 f(a)$ possède une valeur propre strictement positive et une valeur propre strictement négative, alors f n'a pas d'extremum en a.

&

Les mathématiques consistent à démontrer
des choses évidentes par des moyens complexes.

George Polya

Algèbre linéaire

21. MATRICES

Définition

- Soit $(n, p) \in (\mathbb{N}^*)^2$. On appelle matrice à n lignes et p colonnes tout tableau de réels de la forme suivante :

$$A = \begin{pmatrix} a_{1,1} & a_{1,2} & \cdots & a_{1,p} \\ a_{2,1} & a_{2,2} & \cdots & a_{2,p} \\ \vdots & \vdots & & \vdots \\ a_{n,1} & a_{n,2} & \cdots & a_{n,p} \end{pmatrix}$$

- On note parfois $A = (a_{i,j})$.

Ensemble des matrices

On note $\mathcal{M}_{n,p}(\mathbb{R})$ l'ensemble des matrices à n lignes et p colonnes.

Format des matrices

Une matrice de $\mathcal{M}_{n,p}(\mathbb{R})$ est dite de *format* $n \times p$.

Matrices égales

Deux matrices sont égales si elles ont même nombre de lignes, même nombre de colonnes et si elles ont les mêmes coefficients.

Somme de matrices

Soit deux matrices $A = (a_{i,j})$ et $B = (b_{i,j})$ de $\mathcal{M}_{n,p}(\mathbb{R})$.

La somme de A et B est la matrice de $\mathcal{M}_{n,p}(\mathbb{R})$, notée $A + B$, définie par $A + B = (c_{i,j})$ où :

$$\forall (i, j) \in [\![1, n]\!] \times [\![1, p]\!],\ c_{i,j} = a_{i,j} + b_{i,j}$$

Multiplication d'une matrice par un réel

Soit une matrice $A=\left(a_{i,j}\right)$ de $\mathcal{M}_{n,p}(\mathbb{R})$ et λ un réel.

Le produit de A par λ est la matrice de $\mathcal{M}_{n,p}(\mathbb{R})$, notée λA, définie par $\lambda A=\left(a'_{i,j}\right)$ où :

$$\forall (i,j)\in [\![1,n]\!]\times[\![1,p]\!],\ a'_{i,j}=\lambda a_{i,j}$$

Produit de matrices

Soit $A=\left(a_{i,j}\right)$ une matrice de $\mathcal{M}_{n,p}(\mathbb{R})$ et $B=\left(b_{i,j}\right)$ une matrice de $\mathcal{M}_{p,q}(\mathbb{R})$. Le produit de A par B est la matrice de $\mathcal{M}_{n,q}(\mathbb{R})$, notée AB, définie par $AB=\left(c_{i,j}\right)_{1\le i\le n,\ 1\le j\le q}$ où :

$$\forall (i,j)\in [\![1,n]\!]\times[\![1,q]\!],\ c_{i,j}=\sum_{k=1}^{p} a_{i,k}\, b_{k,j}$$

Le produit matriciel n'est pas commutatif.

Associativité, distributivité

Pour toutes matrices A, B, C telles que les opérations ci-dessous soient possibles, on a :

$$A(BC)=(AB)C$$
$$A(B+C)=AB+AC \text{ et } (A+B)C=AC+BC$$
$$\forall \lambda\in\mathbb{R},\ A(\lambda B)=(\lambda A)B=\lambda AB$$

Transposée d'une matrice

Soit une matrice $A=\left(a_{i,j}\right)$ de $\mathcal{M}_{n,p}(\mathbb{R})$.

On appelle transposée de A la matrice de $\mathcal{M}_{p,n}(\mathbb{R})$ noté ${}^tA$ définie par ${}^tA=\left(a'_{i,j}\right)$ où : $\forall (i,j)\in [\![1,p]\!]\times[\![1,n]\!],\ a'_{i,j}=a_{j,i}$

On a bien sûr : ${}^t\left({}^tA\right)=A$.

Linéarité de la transposition

Pour toutes matrices A et B telles que $A+B$ existe et pour tout réel λ, on a :

• ${}^t(A+B) = {}^tA + {}^tB$. • ${}^t(\lambda A) = \lambda\, {}^tA$

Transposition et produit

Si A et B sont deux matrices carrées de même format, on a :

$${}^t(AB) = {}^tB\, {}^tA$$

Matrices carrées

On note $\mathcal{M}_n(\mathbb{R})$ l'ensemble des *matrices carrées* à n lignes et n colonnes.

Matrices carrées particulières

Soit $A = (a_{i,j})$ une matrice de $\mathcal{M}_n(\mathbb{R})$.

- Pour tout i élément de $[\![1,n]\!]$, les réels $a_{i,i}$ sont appelés *coefficients diagonaux*.
- A est une matrice *triangulaire inférieure* si pour tout (i,j) de $[\![1,n]\!]^2$ tel que $i<j$, on a : $a_{i,j}=0$.
- A est une matrice *triangulaire supérieure* si pour tout (i,j) de $[\![1,n]\!]^2$ tel que $i>j$, on a : $a_{i,j}=0$.
- A est une matrice *diagonale* si pour tout (i,j) de $[\![1,n]\!]^2$ tel que $i \neq j$, on a : $a_{i,j}=0$.
- A est une matrice *scalaire* si elle est diagonale et si tous ses éléments diagonaux sont égaux.
- A est une matrice *symétrique* si pour tout (i,j) de $[\![1,n]\!]^2$, on a : $a_{i,j} = a_{j,i}$.

Matrice identité

La matrice identité de $\mathcal{M}_n(\mathbb{R})$ est la matrice diagonale dont tous les éléments diagonaux sont égaux à 1. Elle est notée I_n ou tout simplement I.

$$\forall A \in \mathcal{M}_n(\mathbb{R}),\ AI = IA = A$$

Puissance d'une matrice carrée

Soit A une matrice de $\mathcal{M}_n(\mathbb{R})$.

Par convention, on pose $A^0 = I_n$ et, pour tout entier naturel p non nul, on pose : $A^p = A^{p-1}A$.

En fait, pour tout p de $\mathbb{N}^*$, A^p est le produit de p matrices toutes égales à A.

Produit de matrices diagonales

Le produit de deux matrices diagonales est la matrice diagonale obtenue en multipliant entre eux les termes diagonaux de même place.

Puissance d'une matrice diagonale

La puissance p^{e} d'une matrice diagonale est la matrice diagonale obtenue en élevant les termes diagonaux à la puissance p.

Formule du binôme

Soit A et B deux matrices de $\mathcal{M}_n(\mathbb{R})$ qui commutent ($AB = BA$).

Alors pour tout entier naturel p, on a :

$$(A+B)^p = \sum_{k=0}^{p} \binom{p}{k} A^k B^{p-k} = \sum_{k=0}^{p} \binom{p}{k} A^{p-k} B^k$$

Caractérisation des matrices symétriques

A est une matrice *symétrique* si et seulement si : ${}^tA = A$.

Polynôme matriciel

A désigne une matrice de $\mathcal{M}_n(\mathbb{R})$.

Si Q est un polynôme de $\mathbb{R}[x]$ tel que $Q(x)=\sum_{k=0}^{r} a_k x^k$, alors $Q(A)$ est la matrice de $\mathcal{M}_n(\mathbb{R})$ définie par :

$$Q(A)=\sum_{k=0}^{r} a_k A^k = a_0 I + a_1 A + \ldots + a_r A^r$$

Polynôme annulateur d'une matrice

A désigne une matrice de $\mathcal{M}_n(\mathbb{R})$.

On dit que le polynôme Q est *annulateur* de A si $Q(A)=0$.

Toute matrice carrée admet au moins un polynôme annulateur non nul.

Matrices carrées inversibles

On dit qu'une matrice A de $\mathcal{M}_n(\mathbb{R})$ est inversible s'il existe une matrice B de $\mathcal{M}_n(\mathbb{R})$ telle que $AB=I$ ou $BA=I$. La matrice B est l'inverse de A et on note : $B=A^{-1}$.

Si A et B sont deux matrices de $\mathcal{M}_n(\mathbb{R})$ telles que $AB=I$, alors A et B sont inversibles et on a : $A^{-1}=B$ et $B^{-1}=A$.

Si A est inversible, alors A^{-1} est inversible et :

$$\left(A^{-1}\right)^{-1}=A$$

Polynôme annulateur et inversibilité

Si le polynôme Q, défini par $Q(x) = a_0 + a_1 x + ... + a_r x^r$, est un polynôme annulateur d'une matrice carrée A et si $a_0 \neq 0$, il faut savoir démontrer que A est inversible et que :

$$A^{-1} = -\frac{1}{a_0}\left(a_1 I + a_2 A + ... + a_r A^{r-1}\right)$$

Inverse d'un produit

Si A et B sont inversibles alors AB est inversible et on a :

$$(AB)^{-1} = B^{-1}A^{-1}$$

Si A est inversible, alors, pour tout entier naturel p, A^p est inversible et :

$$\left(A^p\right)^{-1} = \left(A^{-1}\right)^p \text{, matrice que l'on note } A^{-p}$$

Inversibilité d'une matrice triangulaire

Une matrice A **triangulaire** est inversible si, et seulement si, ses coefficients diagonaux sont tous non nuls.

Inverse d'une matrice diagonale

Une matrice diagonale D est inversible lorsque tous ses coefficients diagonaux sont non nuls. D^{-1} est alors obtenue en inversant les coefficients diagonaux de D.

Inversibilité des matrices carrées d'ordre 2

Soit la matrice $A = \begin{pmatrix} a & b \\ c & d \end{pmatrix}$. On appelle déterminant de A la quantité $\det(A) = ad - bc$.

La matrice A est inversible si, et seulement si : $\det(A) \neq 0$.

22. GRAPHES

On désigne par n et p deux entiers naturels non nuls.

Graphes, sommets et arêtes

Un graphe est un ensemble constitué de points et de segments reliant certains de ces points.
Les points sont appelés *sommets* du graphe et les segments sont appelées *arêtes* du graphe.
Une arête reliant un sommet à lui-même est appelée *boucle*.
Un sommet est dit *isolé* si aucune arête ne le relie à un autre sommet.
Deux sommets reliés par une arête sont dits *adjacents*.

Graphe complet

Un graphe est dit *complet* si chaque sommet est adjacent à tous les autres.

Ordre et degré

On appelle *ordre* d'un graphe, le nombre de sommets le constituant.
On appelle *degré* d'un sommet, le nombre d'arêtes dont ce sommet est une extrémité.

Formule d'Euler

On considère un graphe constitué de n sommets notés $A_1,...,A_n$ et de p arêtes et on désigne, pour tout i de $[\![1,n]\!]$, par d_i le degré du sommet A_i, alors on a :

$$\sum_{i=1}^{n} d_i = 2p .$$

Graphe pondéré, graphe orienté

On appelle *graphe pondéré* tout graphe dans lequel chaque arête est pondérée par un réel positif.
On appelle *graphe orienté* tout graphe dans lequel chaque arête est orientée, c'est-à-dire que chaque arête est dirigée d'un sommet à l'autre, à l'aide d'une flèche.

Chaîne (eulérienne), cycle (eulérien) et graphe eulérien

On appelle *chaîne* (ou *chemin*) toute liste de sommets dans laquelle deux sommets consécutifs sont reliés par une arête. Cette chaîne est dite fermée lorsque le sommet initial coïncide avec le sommet final.
On appelle *cycle* toute chaîne fermée dans laquelle chaque arête est parcourue une seule fois.
Une *chaîne eulérienne* est une chaîne contenant toutes les arêtes du graphe, chacune étant parcourue une seule fois.
Un *cycle eulérien* désigne une chaîne eulérienne fermée.
On dit d'un graphe qu'il est *eulérien* s'il contient au moins un cycle eulérien.

Graphe connexe

On dit qu'un graphe est connexe si chaque sommet de ce graphe peut être relié par au moins une chaîne à n'importe quel autre sommet.

Condition d'existence d'une chaîne eulérienne

Soit G un **graphe connexe**.

(1) G possède une chaîne eulérienne entre deux sommets si et seulement si ces deux sommets sont les seuls de la chaîne à avoir un degré impair.
(2) G est un graphe eulérien si et seulement si tous les sommets sont de degré pair.

Longueur, distance et diamètre

On appelle *longueur* d'une chaîne le nombre d'arêtes qui la composent.
On appelle *distance* entre deux sommets d'un graphe, la longueur minimale obtenue en considérant toutes les chaînes reliant ces deux sommets.
On appelle alors *diamètre* d'un graphe, la plus grande distance parmi toutes les distances séparant chaque paire de sommets.

Matrice d'adjacence

Soit G un graphe non orienté dont les sommets sont les éléments de $[\![1,n]\!]$. On appelle *matrice d'adjacence* du graphe G, la matrice M de $\mathcal{M}_n(\mathbb{R})$, telle que, pour tout (i,j) de $[\![1,n]\!]^2$, $m_{i,j}$ désigne le nombre de chaînes de longueur 1 reliant les sommets i et j.

Symétrie des matrices d'adjacence

La matrice d'adjacence d'un graphe non orienté est symétrique.

Nombre de chaînes de longueur donnée

Soit G un graphe non orienté dont les sommets sont numérotés de 1 à n. Notons M la matrice d'adjacence du graphe G et d un élément de $[\![1,n]\!]$.

Pour tout (i,j) de $[\![1,n]\!]^2$, le coefficient situé en ligne i et colonne j de la matrice M^d est égal au nombre de chaînes de longueur d reliant le sommet i au sommet j.

Condition nécessaire de connexité

Soit G un **graphe orienté** dont les sommets sont les éléments de $[\![1,n]\!]$ et dont la matrice d'adjacence est notée M.

Le graphe G est connexe si, et seulement si, la matrice $I_n + M + ... + M^{n-1}$ a tous ses coefficients strictement positifs.

Centralité

On considère un graphe G non orienté, constitué de n sommets notés $s_1, s_2, \dots, s_n$ ($n \geq 2$) et on note, pour tout i de $[\![1,n]\!]$, d_i le degré du sommet s_i.

On appelle *degré de centralité* du sommet s_i, le réel $\dfrac{d_i}{n-1}$.

Intermédiarité

On considère un graphe G constitué de n sommets notés $s_1, s_2, \dots, s_n$ ($n \geq 2$). Soit k un élément de $[\![1,n]\!]$.

Notons, pour tout i et j de $[\![1,n]\!]$:

- $n_{i,j}$ le nombre total de plus courts chemins entre s_i et s_j.
- $n_{i,j}(s_k)$ le nombre de plus courts chemins entre les sommets s_i et s_j passant par s_k.

On appelle alors *degré d'intermédiarité* du sommet s_k, le réel

$$\sum_{\substack{i=1 \\ i \neq k}}^{n} \sum_{\substack{j=1 \\ j \neq k}}^{n} \frac{n_{i,j}(s_k)}{n_{i,j}}.$$

&

L'étude des mathématiques est comme le Nil,
qui commence en modestie et finit en magnificence.

Charles Caleb Colton

23. SYSTÈMES LINÉAIRES

Écriture d'un système

Soit n et p deux entiers naturels non nuls. Pour tout couple (i,j) de $[\![1,n]\!]\times[\![1,p]\!]$, on suppose connus les réels $a_{i,j}$ et b_i.

On appelle système linéaire de n équations, à p inconnues réelles $x_1, x_2, \dots, x_p$, le système (S)
$$\begin{cases} a_{1,1}x_1 + a_{1,2}x_2 + \dots + a_{1,p}x_p = b_1 \\ a_{2,1}x_1 + a_{2,2}x_2 + \dots + a_{2,p}x_p = b_2 \\ \vdots \\ a_{n,1}x_1 + a_{n,2}x_2 + \dots + a_{n,p}x_p = b_n \end{cases}.$$

La i^{e} équation du système est notée (L_i) et est appelée i^{e} ligne du système (S).

Systèmes particuliers

Si pour tout i de $[\![1,n]\!]$, $b_i = 0$, le système (S) est dit homogène.

Un système homogène possède au moins une solution : $(0,\dots,0)$.

Soit (S) un système linéaire de n équations à n inconnues.

On dit que (S) est un système de Cramer si (S) admet un unique n-uplet solution.

On dit que deux systèmes sont équivalents s'ils ont les mêmes solutions.

Opérations élémentaires

Les opérations suivantes sur les lignes d'un système sont appelées opérations élémentaires (on suppose $i \neq j$).

- $L_i \leftrightarrow L_j$: échange de deux lignes.
- $L_i \leftarrow aL_i$ (avec $a \neq 0$) : remplacement d'une ligne par son produit par un réel non nul.
- $L_i \leftarrow L_i + bL_j$: remplacement d'une ligne par sa somme avec un multiple d'une autre ligne.
- Les deux dernières opérations peuvent se regrouper en :

$L_i \leftarrow aL_i + bL_j$ (avec $a \neq 0$).

> Les opérations élémentaires transforment tout système en un système équivalent.

Méthode du pivot de Gauss

Un système linéaire de n équations à p inconnues est échelonné si les coefficients $a_{i,j}$ vérifient : $\forall i > j$, $a_{i,j} = 0$.

Si $n = p$, un système échelonné est dit triangulaire et les coefficients $a_{i,i}$ sont appelés pivots.

Tout système linéaire (S) peut être transformé à l'aide d'opérations élémentaires sur les lignes en un système échelonné (S'). Dans le cas où (S) est un système à n équations et n inconnues, (S) est un système de Cramer si et seulement si (S') possède n pivots non nuls.

Lien matrice - système

Soit le système linéaire $(S)\begin{cases} a_{1,1}x_1+\cdots+a_{1,p}x_p=b_1 \\ \vdots \\ a_{n,1}x_1+\ldots+a_{n,p}x_p=b_n \end{cases}$.

La matrice $A=\begin{pmatrix} a_{1,1} & \ldots & a_{1,p} \\ \vdots & & \vdots \\ a_{n,1} & \ldots & a_{n,p} \end{pmatrix}$ de $\mathcal{M}_{n,p}(\mathbb{R})$ est appelée matrice associée au système (S) et, en posant $X=\begin{pmatrix} x_1 \\ \vdots \\ x_p \end{pmatrix}$ et $B=\begin{pmatrix} b_1 \\ \vdots \\ b_n \end{pmatrix}$,

$(S)\begin{cases} a_{1,1}x_1+\cdots+a_{1,p}x_p=b_1 \\ \vdots \\ a_{n,1}x_1+\ldots+a_{n,p}x_p=b_n \end{cases}$ s'écrit $AX=B$.

Inversibilité et système de Cramer

Soit A une matrice de $\mathcal{M}_n(\mathbb{R})$.

A est inversible si et seulement si A est la matrice d'un système de Cramer.

A est inversible si et seulement si, pour toute matrice X de $\mathcal{M}_{n,1}(\mathbb{R})$: $AX=0 \Leftrightarrow X=0$.

Réduite de Gauss

Soit A une matrice de $\mathcal{M}_n(\mathbb{R})$. On appelle réduite de Gauss de A, toute matrice triangulaire obtenue par des opérations élémentaires effectuées sur les lignes de A.

Soit A une matrice de $\mathcal{M}_n(\mathbb{R})$.
Si une réduite de Gauss de A est inversible, alors A est inversible.
Si A est inversible, toutes ses réduites de Gauss sont inversibles.

Méthode de Gauss-Jordan

Toute matrice inversible peut se transformer en la matrice identité à l'aide d'opérations élémentaires sur les lignes de cette matrice et son inverse s'obtient en effectuant, dans le même ordre, les mêmes opérations élémentaires sur les lignes de la matrice identité.

&

La vie n'est bonne qu'à deux choses : découvrir les mathématiques et enseigner les mathématiques.

Siméon Denis Poisson

24. ESPACES VECTORIELS

Définition

On appelle *espace vectoriel* tout ensemble E non vide, muni d'une loi de composition interne, notée +, et d'une loi de composition externe, notée $\cdot$, qui vérifient :

- $\forall(x,y)\in E^2$, $x+y=y+x$ (+ est *commutative*).
- $\forall(x,y,z)\in E^3$, $x+(y+z)=(x+y)+z$ (+ est *associative*).
- Il existe un unique élément de E noté 0_E tel que :

$\forall x\in E$, $x+0_E=0_E+x=x$ (0_E est appelé *élément neutre de E*).

- Pour tout élément x de E, il existe un unique élément y de E qui vérifie : $x+y=y+x=0_E$ (y est appelé *opposé de* x et noté $-x$).
- $\forall(\lambda,\mu)\in\mathbb{R}^2$, $\forall x\in E$, $(\lambda\mu)\cdot x=\lambda\cdot(\mu\cdot x)$.
- $\forall(\lambda,\mu)\in\mathbb{R}^2$, $\forall x\in E$, $(\lambda\mu)\cdot x=\lambda\cdot(\mu\cdot x)$.
- $\forall(\lambda,\mu)\in\mathbb{R}^2$, $\forall x\in E$, $(\lambda+\mu)\cdot x=\lambda\cdot x+\mu\cdot x$.
- $\forall\lambda\in\mathbb{R}$, $\forall(x,y)\in E^2$, $\lambda\cdot(x+y)=\lambda\cdot x+\lambda\cdot y$.
- $\forall x\in E$, $1\cdot x=x$.

Dans la suite, la lettre E désigne un espace vectoriel.

Le vecteur nul

Pour tout réel λ et pour tout vecteur x de E, on a :

$$\lambda x=0_E \iff \lambda=0 \text{ ou } x=0_E$$

Sous-espaces vectoriels (ou sous-espaces)

F est un *sous-espace vectoriel* (ou *sous-espace*) de E si, et seulement si :

F est une partie non vide de E
$\forall(x,y)\in F^2$, $\forall\lambda\in\mathbb{R}$, $\lambda x+y\in F$

Tout sous-espace vectoriel de E est lui-même un espace vectoriel.

Combinaisons linéaires

Soit $\mathcal{F} = (e_1, \ldots, e_p)$, où $p \in \mathbb{N}^*$, une famille de p vecteurs de E. On dit qu'un vecteur x de E est *combinaison linéaire* des p vecteurs de $\mathcal{F}$ s'il existe p réels $\lambda_1, \ldots, \lambda_p$ tels que : $x = \sum_{i=1}^{p} \lambda_i e_i$.

Sous-espace vectoriel engendré

Soit $\mathcal{F} = (e_1, \ldots, e_p)$ une famille de vecteurs de E.

L'ensemble de toutes les combinaisons linéaires de vecteurs de $\mathcal{F}$ est un sous-espace vectoriel de E appelé *sous-espace vectoriel engendré* par $\mathcal{F}$. Il est noté $\text{Vect}\,(e_1, \ldots, e_p)$.

Deux propriétés pratiques

Si e_{p+1} est combinaison linéaire des vecteurs $e_1, \ldots, e_p$, on a :

$$\text{Vect}\,(e_1, \ldots, e_{p+1}) = \text{Vect}\,(e_1, \ldots, e_p)$$

Si les réels $\alpha_1, \ldots, \alpha_p$ sont tous non nuls, on a :

$$\text{Vect}\,(\alpha_1 e_1, \ldots, \alpha_p e_p) = \text{Vect}\,(e_1, \ldots, e_p)$$

Familles génératrices

Soit $\mathcal{F} = (e_1, \ldots, e_p)$ une famille de p vecteurs de E.

On dit que $\mathcal{F}$ est une *famille génératrice* de E si tout vecteur de E peut s'écrire comme combinaison linéaire de vecteurs de $\mathcal{F}$.

Familles libres

Soit $\mathcal{F} = (e_1, \ldots, e_p)$ une famille de p vecteurs de E.

On dit que $\mathcal{F}$ est une *famille libre* si, pour tout $(\lambda_1, \ldots, \lambda_p) \in \mathbb{R}^p$:

$$\sum_{i=1}^{p} \lambda_i e_i = 0 \;\Rightarrow\; \forall i \in [\![1, p]\!],\ \lambda_i = 0$$

Soit x un vecteur de E.

La famille (x) est libre si, et seulement si, x est différent de 0_E.

Soit x et y deux vecteurs de E.

La famille (x, y) est libre si, et seulement si, x et y ne sont pas proportionnels.

Toute famille contenue dans une famille libre de E est libre.

Familles liées

Une *famille liée* est une famille qui n'est pas libre.

Une famille de vecteurs de E est liée si et seulement si l'un des vecteurs de cette famille est combinaison linéaire des autres.

Toute famille contenant le vecteur nul est liée.

Toute famille de vecteurs de E qui contient une famille liée est liée.

Bases

Soit $\mathcal{B} = (e_1, \ldots, e_n)$ une famille de n vecteurs de E. On dit que $\mathcal{B}$ est une *base de E* si $\mathcal{B}$ est à la fois libre et génératrice de E.

La famille $\mathcal{B} = (e_1, \ldots, e_n)$ est une base de E si, et seulement si, pour tout vecteur x de E, il existe un unique n-uplet $(x_1, \ldots, x_n)$ de réels tel que : $x = \sum_{i=1}^{n} x_i e_i$.

Les réels $x_1, \ldots, x_n$ sont les *coordonnées* de x dans la base $\mathcal{B}$.

Dimension

L'espace vectoriel E est dit de *dimension finie* s'il possède une base ayant un nombre fini de vecteurs.

Tout espace vectoriel de dimension finie, **non réduit au seul vecteur nul**, admet une base.

Si E possède une base formée de n vecteurs de E (où $n \in \mathbb{N}^*$), alors toutes les bases de E sont formées de n vecteurs. On dit alors que E est de dimension n et on note : $\dim E = n$.

Si l'espace E est réduit au seul vecteur 0_E , on pose : $\dim E = 0$.

Soit E un espace vectoriel de dimension n ($n \in \mathbb{N}^*$).

Toute famille libre de E possède au plus n vecteurs et toute famille libre de n vecteurs de E est une base de E.

Toute famille génératrice de E possède au moins n vecteurs et toute famille génératrice de n vecteurs de E est une base de E.

Matrice d'une famille de vecteurs

Soit E un espace vectoriel de dimension n ($n \in \mathbb{N}^*$) de base $\mathcal{B} = (e_1, \ldots, e_n)$.

Soit $\mathcal{F} = (f_1, \ldots, f_p)$ une famille de p vecteurs de E ($p \in \mathbb{N}^*$).

On appelle matrice de la famille $\mathcal{F}$ dans la base $\mathcal{B}$, la matrice de $\mathcal{M}_{n,p}(\mathbb{R})$ dont les coefficients de la j^{e} colonne sont les coordonnées de f_j dans la base $\mathcal{B}$.

Soit E un espace vectoriel de dimension n ($n \in \mathbb{N}^*$) de base $\mathcal{B} = (e_1, \ldots, e_n)$ et $\mathcal{F} = (f_1, \ldots, f_n)$ une famille de n vecteurs de E.

La famille $\mathcal{F}$ est une base de E si, et seulement si, la matrice de $\mathcal{F}$ dans la base $\mathcal{B}$ est inversible. Dans ce cas, P est appelée matrice de passage de $\mathcal{B}$ à $\mathcal{F}$.

Rang d'une famille de vecteurs

Soit E un espace vectoriel et $(e_1,\ldots,e_n)$ une famille de vecteurs de E. On appelle *rang de la famille* $(e_1,\ldots,e_n)$, et on note $\operatorname{rg}(e_1,\ldots,e_n)$, la dimension de $\operatorname{Vect}(e_1,\ldots,e_n)$.

Le rang de $(e_1,\ldots,e_n)$ est égal au cardinal de la plus grande famille libre contenue dans $(e_1,\ldots,e_n)$.

Soit E un espace vectoriel de dimension n ($n\in \mathbb{N}^*$).
La famille $(e_1,\ldots, e_n)$ est une base de E si, et seulement si :

$$\operatorname{rg}(e_1,\ldots,e_n)=n$$

Dimension et sous-espaces vectoriels

Si E est un espace vectoriel de dimension n, tout sous-espace vectoriel F de E vérifie : $\dim F \leq \dim E$.

Si $\dim F = 1$, F est appelé droite.
Si $\dim F = 2$, F est appelé plan.

Théorème du sous-espace

Soit E un espace vectoriel de dimension finie. Si F est un sous-espace vectoriel de E tel que $\dim F = \dim E$, alors $F = E$.

Espaces vectoriels de référence

$\mathbb{R}^n$ est un espace vectoriel de dimension n.

Pour tout i de $[\![1,n]\!]$, on note $e_i = (0,\ldots,0,1,0,\ldots,0)$ (le nombre 1 se trouve en i e position).
La famille $(e_1,\ldots,e_n)$ est une base de $\mathbb{R}^n$, appelée base canonique de $\mathbb{R}^n$.

En particulier, $\mathbb{R}$ est un espace vectoriel de dimension 1 et, grâce à une considération de dimension, ses seuls sous-espaces vectoriels sont $\{0\}$ et $\mathbb{R}$ lui-même.

> $\mathcal{M}_{n,p}(\mathbb{R})$ est un espace vectoriel de dimension *np*.

Pour tout couple (i, j) de $[\![1,n]\!]\times[\![1,p]\!]$, on note $E_{i,j}$ la matrice de $\mathcal{M}_{n,p}(\mathbb{R})$ dont tous les coefficients sont nuls sauf celui situé sur la i^{e} ligne et la j^{e} colonne qui vaut 1. La famille $(E_{i,j})_{\substack{1\leq i\leq n\\1\leq j\leq p}}$ est une base de $\mathcal{M}_{n,p}(\mathbb{R})$, appelée base canonique de $\mathcal{M}_{n,p}(\mathbb{R})$.

> L'ensemble $\mathbb{R}_n[x]$, des fonctions polynomiales **de degré inférieur ou égal à *n*** est un espace vectoriel de dimension $n+1$.

La famille $\mathcal{B}=(e_0, e_1, \ldots, e_n)$, où e_k est défini par $e_k(x)=x^k$ (et en particulier $e_0(x)=1$), est une base de $\mathbb{R}_n[x]$, appelée base canonique de $\mathbb{R}_n[x]$.

Remarque. L'ensemble $\mathbb{R}[x]$ des fonctions polynomiales est un espace vectoriel qui n'est pas de dimension finie ce qui fait que programme officiel exclut son étude.

25. APPLICATIONS LINÉAIRES

Les lettres E, F et G désignent des espaces vectoriels.

Définition

On appelle *application linéaire* de E dans F toute application f de E dans F telle que : $\forall(x,y)\in E^2,\ f(x+y)=f(x)+f(y)$ et $\forall x\in E,\ \forall\lambda\in\mathbb{R},\ f(\lambda x)=\lambda f(x)$.

Vocabulaire

- On appelle *endomorphisme* de E, toute application linéaire de E dans E.
- On appelle *isomorphisme* de E dans F, toute application linéaire bijective de E dans F.

Caractérisations

f est une application linéaire de E dans F si, et seulement si :

$$\forall(x,y)\in E^2,\forall(\lambda,\mu)\in\mathbb{R}^2,\ f(\lambda x+\mu y)=\lambda f(x)+\mu f(y)$$

f est une application linéaire de E dans F si, et seulement si :

$$\forall(x,y)\in E^2,\ \forall\lambda\in\mathbb{R},\ f(\lambda x+y)=\lambda f(x)+f(y)$$

Image du vecteur nul

Soit f une application linéaire de E dans F, on a :

$$f(0_E)=0_F$$

Image d'une combinaison linéaire

Pour tous vecteurs $x_1,\ldots,x_p$ de E et tous réels $\lambda_1,\ldots,\lambda_p$, on a :

$$f\left(\sum_{i=1}^{p}\lambda_i x_i\right)=\sum_{i=1}^{p}\lambda_i f(x_i)$$

Égalité de deux applications linéaires

Soit E un espace vectoriel de dimension finie, dont $\mathcal{B}=(e_1,\ldots,e_n)$ est une base, et soit f et g deux applications linéaires de E dans F.

$$f=g \Leftrightarrow \forall i\in [\![1,n]\!],\ f(e_i)=g(e_i)$$

Composition des applications linéaires

Si f est une application linéaire de E dans F et si g est une application linéaire de F dans G, alors $g\circ f$ est une application linéaire de E dans G.
En particulier, la composée de deux endomorphismes de E est un endomorphisme de E.

Soit f un endomorphisme de E. Par convention, on pose $f^0=Id_E$ et, pour tout entier naturel p non nul, on pose $f^p=f^{p-1}\circ f$.

Noyau

Soit f une application linéaire de E dans F.
On appelle *noyau de f* le sous-ensemble de E défini par :

$$\text{Ker}(f)=\{x\in E,\ f(x)=0_F\}$$

$\text{Ker}(f)$ est un sous-espace vectoriel de E.

Injectivité

Une application linéaire f de E dans F est injective si, et seulement si :

$$\text{Ker}(f)=\{0_E\}$$

Image

Soit f une application linéaire de E dans F. On appelle *image de f*, notée $\text{Im}(f)$, le sous-ensemble de F défini par :

$$\text{Im}(f)=\{y\in F,\exists x\in E, y=f(x)\}$$

$\text{Im}(f)$ est un sous-espace vectoriel de F.

Famille génératrice de l'image

Soit f une application linéaire de E dans F et $\mathcal{B}=(e_1,\ldots,e_n)$ une base de E. On a :

$$\text{Im}(f)=\text{Vect}(f(e_1),\ldots,f(e_n))$$

Surjectivité

Une application linéaire f de E dans F est surjective si, et seulement si :

$$\text{Im}(f)=F$$

Espaces vectoriels et isomorphisme

Soit E et F deux espaces vectoriels de dimension finie. S'il existe un isomorphisme de E dans F alors $\dim E = \dim F$.

Isomorphismes et bases

Si f est un isomorphisme de E dans F, alors l'image par f d'une base de E est une base de F.

Réciproquement, si l'image d'une base de E par une application linéaire f est une base de F, alors f est un isomorphisme de E dans F.

Rang

Si f est une application linéaire de E dans F, on appelle *rang de f*, et on note $\text{rg}(f)$, la dimension de $\text{Im}(f)$.

$$\text{rg}(f) = \dim \text{Im}(f)$$

Théorème du rang

Soit f une application linéaire de E dans F, où E est un espace vectoriel de dimension finie. On a :

$$\dim E = \dim \text{Im}(f) + \dim \text{Ker}(f) = \text{rg}(f) + \dim \text{Ker}(f)$$

Rang et application nulle

Soit f une application linéaire de E dans F. On a :

$$\text{rg}(f) = 0 \Leftrightarrow f = 0$$

Rang et bijection

Soit f une application linéaire de E dans F, où E et F sont deux espaces vectoriels de **même dimension** $\boldsymbol{n}$.

$$f \text{ est bijective si, et seulement si : } \text{rg}(f) = n$$

En particulier, si f est un endomorphisme de E, où E est un espace vectoriel de **dimension finie**, alors f est un isomorphisme si et seulement si : $\text{rg}(f) = \dim E$.

Bijectivité en dimension finie

Si f est une application linéaire de E dans F et si les espaces vectoriels E et F ont **même dimension finie**, alors on a :

$$f \text{ injective} \Leftrightarrow f \text{ surjective} \Leftrightarrow f \text{ bijective}$$

En particulier, si ***E* est de dimension finie** :

- Tout endomorphisme injectif de E est un isomorphisme.
- Tout endomorphisme surjectif de E est un isomorphisme.

E désigne un espace vectoriel de dimension n, de base $\mathcal{B}=(e_1,\ldots,e_n)$, F un espace vectoriel de dimension p, de base $\mathcal{B}'=(e'_1,\ldots,e'_p)$ et f une application linéaire de E dans F

Matrice d'une application linéaire

On appelle *matrice de f relativement aux bases* $\mathcal{B}$ et $\mathcal{B}'$, la matrice de $\mathcal{M}_{p,n}(\mathbb{R})$, notée $\text{mat}_{\mathcal{B},\mathcal{B}'}(f)$, dont la j^e colonne est formée des coordonnées du vecteur $f(e_j)$ dans la base $\mathcal{B}'$.

Si $E=F$ et $\mathcal{B}=\mathcal{B}'$, cette matrice est notée $\text{mat}_{\mathcal{B}}(f)$.

Quelle que soit la base $\mathcal{B}$ de E, on a :

$$\text{mat}_{\mathcal{B}}(Id_E)=I_n$$

Lien entre $\mathcal{L}(E,F)$ et $\mathcal{M}_{p,n}(\mathbb{R})$

L'application qui à toute application linéaire de $\mathcal{L}(E,F)$, associe sa matrice relativement à $\mathcal{B}$ et $\mathcal{B}'$, est un isomorphisme de $\mathcal{L}(E,F)$ vers $\mathcal{M}_{p,n}(\mathbb{R})$. On a :

$$\dim \mathcal{L}(E,F)=\dim \mathcal{M}_{p,n}(\mathbb{R})=np=\dim E\times\dim F$$

Application linéaire canoniquement associée

Soit $A=(a_{i,j})$ une matrice de $\mathcal{M}_{p,n}(\mathbb{R})$. Si $\mathcal{B}$ et $\mathcal{B}'$ désignent les bases canoniques respectives de $\mathbb{R}^n$ et $\mathbb{R}^p$, l'application linéaire f de $\mathbb{R}^n$ dans $\mathbb{R}^p$ dont A est la matrice relativement aux bases $\mathcal{B}$ et $\mathcal{B}'$, est appelée *application linéaire canoniquement associée à A*. Elle est définie pour tout $(x_1,\ldots,x_n)$ de $\mathbb{R}^n$ par :

$$f((x_1,\ldots,x_n))=(y_1,\ldots,y_p)\text{, où : }\forall i\in[\![1,p]\!],\ y_i=\sum_{j=1}^{n}a_{i,j}x_j$$

Opérations sur les matrices

Soit E un espace vectoriel de base $\mathcal{B}$ et F un espace vectoriel de base $\mathcal{B}'$. Pour toutes applications linéaires f et g de E dans F dont les matrices, relativement à $\mathcal{B}$ et $\mathcal{B}'$, sont respectivement A et B, alors :

- La matrice de $f+g$ relativement à $\mathcal{B}$ et $\mathcal{B}'$ est la matrice $A+B$.
- Pour tout réel λ, la matrice de λf relativement à $\mathcal{B}$ et $\mathcal{B}'$ est la matrice λA.

Soit E, F et G trois espaces vectoriels de bases respectives $\mathcal{B}_1$, $\mathcal{B}_2$ et $\mathcal{B}_3$.
Si f est une application linéaire de E dans F et g une application linéaire de F dans G, si A est la matrice de f, relativement à $\mathcal{B}_1$ et $\mathcal{B}_2$, et si B est la matrice de g, relativement à $\mathcal{B}_2$ et $\mathcal{B}_3$, alors BA est la matrice de $g \circ f$, relativement à $\mathcal{B}_1$ et $\mathcal{B}_3$.

Soit E un espace vectoriel de base $\mathcal{B}$ et f un endomorphisme de E, de matrice A dans la base $\mathcal{B}$.

Pour tout entier naturel k, la matrice de f^k dans la base $\mathcal{B}$ est la matrice A^k.

Matrice de l'application réciproque

Soit E un espace vectoriel de base $\mathcal{B}$ et F un espace vectoriel de base $\mathcal{B}'$ tels que : $\dim E = \dim F$. L'application linéaire f de E dans F est bijective si, et seulement si, sa matrice A relativement à $\mathcal{B}$ et $\mathcal{B}'$ est inversible, et dans ce cas, la matrice de f^{-1} relativement à $\mathcal{B}'$ et $\mathcal{B}$ est la matrice A^{-1}.

Image d'un vecteur

Soit E un espace vectoriel de dimension p, muni d'une base $\mathcal{B}$ et F un espace vectoriel de dimension n, muni d'une base $\mathcal{B}'$.

Soit f une application linéaire de E dans F et $A = \operatorname{mat}_{\mathcal{B},\mathcal{B}'}(f)$, x un vecteur de E et y un vecteur de F.

On note X (respectivement Y) la matrice-colonne de $\mathcal{M}_{p,1}(\mathbb{R})$ (respectivement $\mathcal{M}_{n,1}(\mathbb{R})$) formée des coordonnées de x (respectivement y) dans la base $\mathcal{B}$ (respectivement dans la base $\mathcal{B}'$). On a :

$$y = f(x) \Leftrightarrow Y = AX$$

Recherche matricielle du noyau

Pour tout vecteur x de E, on a :

$$x \in \text{Ker}(f) \Leftrightarrow AX = 0$$

Noyau d'une matrice

Le noyau d'une matrice A de $\mathcal{M}_{n,p}(\mathbb{R})$ est l'ensemble des matrices-colonnes X de $\mathcal{M}_{p,1}(\mathbb{R})$ telles que $AX = 0$.

Recherche matricielle de l'image

La famille $(f(e_1),\ldots,f(e_n))$ est une famille génératrice de $\text{Im}(f)$ et les coordonnées des vecteurs de cette famille dans la base $\mathcal{B}$ sont données par les colonnes de A.

Rang d'une matrice

Le *rang* d'une matrice A de $\mathcal{M}_{n,p}(\mathbb{R})$ est le rang de la famille de ses vecteurs colonnes dans $\mathcal{M}_{n,1}(\mathbb{R})$. On le note $\text{rg}(A)$.

Une matrice et sa transposée ont même rang

Caractérisation de la non inversibilité

Toute matrice de $\mathcal{M}_n(\mathbb{R})$ dont les vecteurs colonnes forment une famille liée de $\mathcal{M}_{n,1}(\mathbb{R})$ est non inversible. En particulier, toute matrice ayant une colonne nulle ou deux colonnes proportionnelles est non inversible.

27. CHANGEMENT DE BASE

E désigne un espace vectoriel de dimension n ($n \in \mathbb{N}^*$), $\mathcal{B} = (e_1, \ldots, e_n)$ et $\mathcal{B}' = (e'_1, \ldots, e'_n)$ sont deux bases de E.

Matrice de passage

On appelle matrice de passage de la base $\mathcal{B}$ à la base $\mathcal{B}'$, la matrice de $\mathcal{B}'$ dans la base $\mathcal{B}$.

Si P est la matrice de passage de $\mathcal{B}$ à $\mathcal{B}'$, alors P est inversible et P^{-1} est la matrice de passage de $\mathcal{B}'$ à $\mathcal{B}$.

Changement de base et coordonnées

Soit $\mathcal{B}$ et $\mathcal{B}'$ deux bases de E et P la matrice de passage de $\mathcal{B}$ à $\mathcal{B}'$. Si, pour tout vecteur x de E, on note X la matrice de x dans la base $\mathcal{B}$ et X' la matrice de x dans la base $\mathcal{B}'$, alors on a :

$$\boxed{X = PX'}$$

Formule de changement de base

Si, pour tout endomorphisme f de E, on note A la matrice de f dans la base $\mathcal{B}$, A' la matrice de f dans la base $\mathcal{B}'$ et P la matrice de passage de $\mathcal{B}$ à $\mathcal{B}'$, alors on a :

$$\boxed{A' = P^{-1}AP}$$

Matrices semblables

Deux matrices A et A' de $\mathcal{M}_n(\mathbb{R})$ sont dites *semblables* s'il existe une matrice P de $\mathcal{M}_n(\mathbb{R})$ inversible telle que :

$$\boxed{A' = P^{-1}AP}$$

Deux matrices sont semblables si, et seulement si, elles sont les matrices d'un même endomorphisme de E, dans des bases différentes.

28. DIAGONALISATION DES MATRICES CARRÉES

Valeur propre

On dit qu'un réel λ est *valeur propre* d'une matrice A de $\mathcal{M}_n(\mathbb{R})$ s'il existe un vecteur colonne X **non nul** de $\mathcal{M}_{n,1}(\mathbb{R})$ tel que : $AX = \lambda X$.

Le réel λ est une valeur propre de A si, et seulement si, la matrice $A - \lambda I$ n'est pas inversible.

Toute matrice de $\mathcal{M}_n(\mathbb{R})$ possède au plus n valeurs propres.

Valeurs propres d'une matrice triangulaire

Les valeurs propres d'une matrice triangulaire sont ses coefficients diagonaux.

Vecteur propre

Soit λ une valeur propre de A. On appelle *vecteur propre* de A associé à la valeur propre λ, tout vecteur colonne X **non nul** de $\mathcal{M}_{n,1}(\mathbb{R})$ tel que : $AX = \lambda X$.

Sous-espaces propres

Soit λ une valeur propre de A. L'ensemble $E_\lambda(A)$ de tous les vecteurs X de $\mathcal{M}_{n,1}(\mathbb{R})$ tels que $AX = \lambda X$ (y compris le vecteur nul) est un sous-espace de $\mathcal{M}_{n,1}(\mathbb{R})$, appelé *sous-espace propre* de A associé à la valeur propre λ.

$$E_\lambda(A) = \left\{ X \in \mathcal{M}_{n,1}(\mathbb{R}),\ (A - \lambda I)X = 0 \right\}$$

Valeurs propres et inversibilité

La matrice A est inversible si, et seulement si, 0 n'est pas valeur propre de A.

0 est valeur propre de A si, et seulement si, A n'est pas inversible.

Polynôme matriciel

A désigne une matrice de $\mathcal{M}_n(\mathbb{R})$.

Si Q est un polynôme de $\mathbb{R}[x]$ tel que $Q(x) = \sum_{k=0}^{r} a_k x^k$, alors $Q(A)$ est la matrice de $\mathcal{M}_n(\mathbb{R})$ définie par :

$$Q(A) = \sum_{k=0}^{r} a_k A^k = a_0 I + a_1 A + \ldots + a_r A^r$$

Polynôme annulateur et valeurs propres

A désigne une matrice de $\mathcal{M}_n(\mathbb{R})$.

Si Q est un polynôme non nul annulateur de A, alors les valeurs propres de A sont parmi les racines de Q.

Matrices diagonalisables

La matrice A de $\mathcal{M}_n(\mathbb{R})$ est *diagonalisable* dans $\mathcal{M}_n(\mathbb{R})$ s'il existe une matrice P de $\mathcal{M}_n(\mathbb{R})$ **inversible** et une matrice D de $\mathcal{M}_n(\mathbb{R})$ **diagonale** telles que :

$$A = PDP^{-1}$$

En d'autres termes :

A est diagonalisable si A est semblable à une matrice diagonale.

Condition suffisante de diagonalisabilité

Toute matrice symétrique est diagonalisable.

Critères de diagonalisabilité d'une matrice

Soit A une matrice de $\mathcal{M}_n(\mathbb{R})$.

A est diagonalisable si, et seulement si, il existe une base $(E_1,\dots,E_n)$ de $\mathcal{M}_{n,1}(\mathbb{R})$ formée de vecteurs propres de A associés respectivement aux valeurs propres λ_1, ..., λ_n (non forcément distinctes).

On a alors $A = PDP^{-1}$, où les colonnes de P sont $E_1,\dots,E_n$ et où D est la matrice diagonale dont les coefficients diagonaux sont λ_1, ..., λ_n.

&

La mathématique universelle
est une logique de l'imagination.

Leibniz

Probabilités

29. ESPACES PROBABILISÉS

Épreuve aléatoire

On appelle *épreuve aléatoire* (ou expérience aléatoire) une expérience dont les résultats ne dépendent que du hasard.

L'ensemble de tous les résultats possibles, noté Ω, est appelé *univers* associé à l'expérience.

Ensemble des événements

L'*ensemble des événements* est un sous-ensemble de $\mathcal{P}(\Omega)$, noté $\mathcal{A}$, et vérifiant :

(1) $\Omega \in \mathcal{A}$.

(2) Si $A \in \mathcal{A}$, alors $\overline{A} \in \mathcal{A}$.

(3) Si I désigne une partie quelconque de $\mathbb{N}$ et si $(A_k)_{k\in I}$ est une suite d'événements (éléments de $\mathcal{A}$), alors $\bigcup_{k\in I} A_k \in \mathcal{A}$.

Tout élément de $\mathcal{A}$ est appelé *événement* et le couple $(\Omega, \mathcal{A})$ est appelé espace probabilisable.

Événements particuliers

Ω est appelé l'événement certain.
$\varnothing$ est appelé l'événement impossible.
Les singletons de Ω (parties à 1 élément) sont appelés événements élémentaires.

Intersection

L'événement $A \cap B$ est l'événement qui est réalisé si A **et** B le sont.

Réunion

$A \cup B$ est l'événement qui est réalisé si **l'un au moins** des événements A ou B est réalisé.

Événement contraire

$\overline{A}$ est l'événement qui est réalisé si et seulement si A ne l'est pas.

Comparaison des événements

$A \subset B$ signifie que A est inclus dans B, c'est-à-dire que la réalisation de A implique celle de B.

Deux événements A et B sont égaux si l'on a : $A \subset B$ et $B \subset A$.

Incompatibilité

Deux événements A et B sont dits incompatibles si $A \cap B = \varnothing$.

Système complet d'événements

En désignant par I une partie (finie ou infinie) de $\mathbb{N}$, la famille $(A_k)_{k\in I}$ est un système complet d'événements si :

(1) $\bigcup_{k\in I} A_k = \Omega$.

(2) $\forall (i, j) \in I^2,\ i \neq j,\ A_i \cap A_j = \varnothing$ (incompatibilité).

Probabilité

On appelle *probabilité* définie sur un espace probabilisable $(\Omega, \mathcal{A})$, toute application P de $\mathcal{A}$ dans $[0,1]$, telle que :

(1) Si $(A_k)_{k\in I}$ est une suite d'événements 2 à 2 incompatibles, alors on a : $P\left(\bigcup_{k\in I} A_k\right) = \sum_{k\in I} P(A_k)$.

(2) $P(\Omega) = 1$.

Espace probabilisé

Le triplet $(\Omega, \mathcal{A}, P)$ est appelé espace probabilisé.

Événements quasi certains, quasi impossibles

Un événement A de probabilité égale à 1 est dit *quasi certain*.
On dit aussi qu'*il est presque sûr* que A se réalise.

Un événement A de probabilité nulle est dit *quasi impossible*.
On dit aussi qu'*il est presque sûr* que A ne se réalise pas.

Équiprobabilité

Lors d'une épreuve aléatoire pour laquelle Ω est fini, on dit que l'on est en situation d'équiprobabilité lorsque les événements élémentaires ont tous la même probabilité.

Dans le cas de l'équiprobabilité, on a : $P(A) = \dfrac{\text{card}(A)}{\text{card}(\Omega)}$.

Conséquences de la définition d'une probabilité

Pour toute famille finie ou dénombrable $(A_i)_{i\in I}$ d'événements deux à deux incompatibles, on a :

$$P\left(\bigcup_{i\in I} A_i\right) = \sum_{i\in I} P(A_i)$$

Pour tout événement A, on a : $P(\overline{A}) = 1 - P(A)$.

On a, en particulier : $P(\varnothing) = 0$.

Pour tout événement A, on a : $0 \leq P(A) \leq 1$.

Croissance de la probabilité

Si A et B sont deux événements et si $A \subset B$, alors $P(A) \leq P(B)$.

Formule du crible (ou formule de Poincaré)

Si A et B sont deux événements, on a :

$$P(A\cup B)=P(A)+P(B)-P(A\cap B)$$

Si A, B et C sont trois événements, on a :

$$\begin{aligned}P(A\cup B\cup C)=\ &P(A)+P(B)+P(C)\\ &-P(A\cap B)-P(B\cap C)-P(A\cap C)\\ &+P(A\cap B\cap C)\end{aligned}$$

Les deux paragraphes suivants ne sont pas explicitement au programme.

Théorèmes de limite monotone

Si (A_n) est une suite **croissante** d'événements, alors :

$$P\left(\bigcup_{k=0}^{+\infty} A_k\right)=\lim_{n\to+\infty} P(A_n)$$

Si (A_n) est une suite **décroissante** d'événements, alors :

$$P\left(\bigcap_{k=0}^{+\infty} A_k\right)=\lim_{n\to+\infty} P(A_n)$$

Conséquence des théorèmes de limite monotone

Si (A_n) est une suite **quelconque** d'événements, alors on a :

$$P\left(\bigcup_{k=0}^{+\infty} A_k\right)=\lim_{n\to+\infty} P\left(\bigcup_{k=0}^{n} A_k\right)$$

$$P\left(\bigcap_{k=0}^{+\infty} A_k\right)=\lim_{n\to+\infty} P\left(\bigcap_{k=0}^{n} A_n\right)$$

30. CONDITIONNEMENT ET INDÉPENDANCE

Probabilité conditionnelle

Soit A et B deux événements d'un espace probabilisé $(\Omega, \mathcal{A}, P)$, l'événement B étant de probabilité non nulle.
On appelle *probabilité de A sachant que B est réalisé* ou *probabilité de A sachant B* ou encore *probabilité de A conditionnellement à l'événement B*, le réel noté $P_B(A)$, défini par :

$$P_B(A) = \frac{P(A \cap B)}{P(B)}$$

Une nouvelle probabilité

L'application P_B est une probabilité définie sur $(\Omega, \mathcal{A})$.

Conséquences

$P_B(\Omega) = 1$ et $P_B(\varnothing) = 0$

$P_B(\overline{A}) = 1 - P_B(A)$

$P_B(E \cup F) = P_B(E) + P_B(F) - P_B(E \cap F)$

Formule des probabilités composées

Si $A_1, A_2, ..., A_n$ sont n événements d'un même espace probabilisé $(\Omega, \mathcal{A}, P)$, tels que $P(A_1 \cap A_2 \cap ... \cap A_{n-1}) \neq 0$, alors on a :

$$P\left(\bigcap_{k=1}^{n} A_k\right) = P(A_1)\, P_{A_1}(A_2)\, P_{A_1 \cap A_2}(A_3) \ldots P_{A_1 \cap A_2 \cap \ldots \cap A_{n-1}}(A_n)$$

Formule des probabilités totales

Soit I une partie de $\mathbb{N}$. Si $(A_k)_{k \in I}$ est un système complet d'événements, alors pour tout événement B, on a :

$$P(B) = \sum_{k \in I} P(B \cap A_k)$$

Formule des probabilités totales (bis)

Soit I une partie de $\mathbb{N}$.

Si $(A_k)_{k \in I}$ est un système complet d'événements, tous de probabilité non nulle, alors pour tout événement B, on a :

$$P(B) = \sum_{k \in I} P(A_k) P_{A_k}(B)$$

Formule de Bayes

Si A et B sont deux événements de probabilité non nulle, on a :

$$P_B(A) = \frac{P(A) P_A(B)}{P(B)}$$

Indépendance de deux événements

Deux événements A et B définis sur un même espace probabilisé $(\Omega, \mathcal{A}, P)$ sont indépendants si :

$$P(A \cap B) = P(A) P(B)$$

Si A est de probabilité non nulle, alors A et B sont indépendants si et seulement si :

$$P_A(B) = P(B)$$

Si deux événements A et B sont indépendants, alors A et $\overline{B}$ sont indépendants, $\overline{A}$ et B sont indépendants, et, pour finir, $\overline{A}$ et $\overline{B}$ sont indépendants.

Indépendance deux à deux d'événements

Soit I une partie de $\mathbb{N}$ et $(E_k)_{k \in I}$ une famille d'événements définis sur un espace probabilisé $(\Omega, \mathcal{A}, P)$.

On dit que ces événements sont deux à deux indépendants si, pour tout couple (i, j) d'éléments distincts de I, les événements E_i et E_j sont indépendants.

Indépendance mutuelle

Soit I une partie, finie ou non, de $\mathbb{N}$ et $(E_k)_{k\in I}$ une famille d'événements définis sur un espace probabilisé $(\Omega, \mathcal{A}, P)$.
On dit que ces événements sont mutuellement indépendants si, pour tout k de $\mathbb{N}^*$ et pour toute liste $(i_1, i_2, ..., i_k)$ d'éléments distincts de I, on a :

$$P(E_{i_1} \cap E_{i_2} \cap ... \cap E_{i_k}) = P(E_{i_1}) P(E_{i_2}) ... P(E_{i_k})$$

"Lemme des coalitions"

Si des événements sont mutuellement indépendants alors tout événement formé avec certains d'entre eux est indépendant de tout événement formé à partir des autres.

&

Si nous attribuons les phénomènes inexpliqués au hasard, ce n'est que par des lacunes de notre connaissance.

Pierre-Simon Laplace

31. VARIABLES ALÉATOIRES : GÉNÉRALITÉS

Définition d'une variable aléatoire

On appelle *variable aléatoire* définie sur l'espace probabilisable $(\Omega, \mathcal{A})$, toute application X de Ω dans $\mathbb{R}$ telle que, pour tout réel x, l'ensemble $\{\omega \in \Omega, X(\omega) \leq x\}$, noté $(X \leq x)$, appartient à $\mathcal{A}$.

Support d'une variable aléatoire

L'ensemble des valeurs que peut prendre une variable aléatoire X est appelé le *support* (ou l'*image*) de X et est noté $X(\Omega)$.

Fonction de répartition

Si X est une variable aléatoire, on appelle *fonction de répartition* de X, la fonction F définie par :

$$\forall x \in \mathbb{R},\ F(x) = P(X \leq x)$$

Fonction de répartition et intervalles

Soit X une variable aléatoire, de fonction de répartition F.

$$\forall (a,b) \in \mathbb{R}^2,\ a < b,\ P(a < X \leq b) = F(b) - F(a)$$

Propriétés des fonctions de répartition

Toute fonction de répartition F d'une variable aléatoire X, discrète ou non, est croissante sur $\mathbb{R}$, continue à droite en tout réel, et vérifie $\lim\limits_{x \to -\infty} F(x) = 0$ et $\lim\limits_{x \to +\infty} F(x) = 1$.

Ces propriétés ne sont pas exigibles, mais elles permettent de vérifier qu'une fonction de répartition est cohérente.

32. VARIABLES ALÉATOIRES DISCRÈTES : LOI ET FONCTION DE RÉPARTITION

Variable aléatoire discrète

Une variable aléatoire est discrète si son support est fini ou dénombrable.

Système complet d'événements associé

La famille $(X = x)_{x \in X(\Omega)}$ est appelé *système complet d'événements* associé à la variable aléatoire discrète X.

Loi d'une variable aléatoire discrète

Déterminer la loi d'une variable aléatoire discrète X, définie sur $(\Omega, \mathcal{A}, P)$, c'est trouver $X(\Omega)$, puis donner, pour tout x de $X(\Omega)$, la valeur de $P(X = x)$.

Si X est une variable aléatoire discrète, définie sur $(\Omega, \mathcal{A}, P)$, dont le support est $X(\Omega)$, on a : $\sum_{x \in X(\Omega)} P(X = x) = 1$.

Soit une partie I de $\mathbb{N}$. On dit que la suite $(u_n)_{n \in I}$ définit la loi de probabilité d'une certaine variable aléatoire X dont le support est I, si :

$$\forall n \in I,\ u_n > 0 \text{ et } \sum_{n \in I} u_n = 1$$

Si tel est le cas, on a : $\forall n \in I,\ P(X = n) = u_n$.

Fonction de répartition d'une variable entière

Si X prend ses valeurs dans $\mathbb{N}$, alors, en désignant par F sa fonction de répartition, on a : $F(n) = P(X \leq n) = \sum_{k=0}^{n} P(X = k)$.

On en déduit : $\forall n \in \mathbb{N}^*,\ P(X = n) = F(n) - F(n-1)$

33. VARIABLES ALÉATOIRES DISCRÈTES : ESPÉRANCE ET VARIANCE

Espérance d'une variable aléatoire discrète

Si X est une variable aléatoire discrète **finie**, définie sur l'espace probabilisé $(\Omega, \mathcal{A}, P)$, alors X admet une *espérance*.
Si X est une variable aléatoire discrète **infinie**, définie sur l'espace probabilisé $(\Omega, \mathcal{A}, P)$, alors X admet une *espérance* si et seulement si la série de terme général $xP(X = x)$ est **absolument convergente**.
Dans les deux cas, l'espérance $E(X)$ est définie par :

$$E(X) = \sum_{x \in X(\Omega)} x P(X = x)$$

Deux cas particuliers

Si $X(\Omega) = [\![0, n]\!]$, alors X possède une espérance et on a :

$$E(X) = \sum_{k=0}^{n} k P(X = k) = \sum_{k=1}^{n} k P(X = k)$$

Si $X(\Omega) = \mathbb{N}$ et si la série de terme général $k P(X = k)$ est **absolument convergente** (en fait, la convergence suffit puisque la série est à termes positifs), alors X possède une espérance et on a :

$$E(X) = \sum_{k=0}^{+\infty} k P(X = k) = \sum_{k=1}^{+\infty} k P(X = k)$$

Théorème de transfert

Soit X une variable aléatoire discrète définie sur $(\Omega, \mathcal{A}, P)$ et g une application de $X(\Omega)$ dans $\mathbb{R}$. Si la série de terme général $g(x)P(X = x)$ est **absolument convergente**, alors $g(X)$ admet une espérance et on a :

$$E(g(X)) = \sum_{x \in X(\Omega)} g(x) P(X = x)$$

Espérance et fonction affine

Si X est une variable aléatoire discrète admettant une espérance, alors, quels que soient les réels a et b, la variable aléatoire $aX + b$ admet elle aussi une espérance et on a :

$$E(aX+b) = a\,E(X)+b$$

Linéarité de l'espérance

Si X et Y sont deux variables aléatoires discrètes qui admettent chacune une espérance, alors, quel que soit le réel a, les variables aléatoires aX et $X + Y$ admettent une espérance. De plus, on a :

$$E(aX) = a\,E(X) \text{ et } E(X+Y) = E(X) + E(Y)$$

Espérance d'une variable positive

Si X est une variable aléatoire positive, et admettant une espérance, alors on a :

$$E(X) \geq 0$$

Variable aléatoire centrée

Une variable aléatoire discrète ayant une espérance est dite *centrée* si $E(X)=0$.

Moment d'ordre 2

Soit X une variable aléatoire discrète définie sur $(\Omega, \mathcal{A}, P)$. Si la variable aléatoire X^2 possède une espérance, alors le réel $E(X^2)$ est appelé *moment d'ordre* 2 de X et on a :

$$E(X^2) = \sum_{x\in X(\Omega)} x^2 P(X=x)$$

Moment d'ordre *r* si *X* est entière

Si $X(\Omega) = \mathbb{N}$ et si $E(X^2)$ existe, alors : $E(X^2) = \sum_{k=0}^{+\infty} k^2 P(X=k)$.

Variance d'une variable aléatoire discrète

Si X est une variable discrète admettant un moment d'ordre 2, alors X admet une *variance* définie par :

$$V(X) = E\left(\left(X - E(X)\right)^2\right) = \sum_{x \in X(\Omega)} \left(x - E(X)\right)^2 P(X = x)$$

Écart-type d'une variable aléatoire discrète

Si X est une variable aléatoire discrète admettant une variance, on appelle *écart-type* de X, le réel σ_X défini par :

$$\sigma_X = \sqrt{V(X)}$$

Formule de Koenig-Huygens

Si X est une variable aléatoire discrète admettant une variance, alors :

$$V(X) = E(X^2) - (E(X))^2$$

Variance et fonction affine

Si a et b sont deux réels et si X est une variable aléatoire discrète admettant une variance, alors la variable aléatoire $aX + b$ admet une variance et on a :

$$V(aX + b) = a^2 V(X)$$

Variable aléatoire réduite

Une variable aléatoire discrète ayant une variance est dite *réduite* si sa variance est égale à 1.

Une variable aléatoire discrète X ayant une espérance et une variance est dite *centrée réduite* si : $E(X) = 0$ et $V(X) = 1$.

Si X possède une espérance et une variance non nulle, alors la variable aléatoire $X^* = \dfrac{X - E(X)}{\sqrt{V(X)}}$ est la variable centrée réduite associée à X.

34. LOIS DISCRÈTES USUELLES

Variable aléatoire certaine

Support	**Loi**
$X(\Omega)=\{a\}$	$P(X=a)=1$
Espérance	**Variance**
$E(X)=a$	$V(X)=0$

On dit qu'une variable aléatoire X est une variable *quasi certaine* s'il existe un élément a de $X(\Omega)$ tel que $P(X=a)=1$. Dans ce cas, on a encore $E(X)=a$ et $V(X)=0$.

Si X est une variable aléatoire de variance nulle, alors X est une variable quasi certaine.

Loi uniforme $\mathcal{U}(\llbracket 1, n\rrbracket)$

Support	**Loi**
$X(\Omega)=\llbracket 1, n\rrbracket$	$P(X=k)=\dfrac{1}{n}$
Espérance	**Variance**
$E(X)=\dfrac{n+1}{2}$	$V(X)=\dfrac{n^2-1}{12}$

Loi uniforme $\mathcal{U}(\llbracket a, b\rrbracket)$

Support	**Loi**
$X(\Omega)=\llbracket a, b\rrbracket$	$P(X=k)=\dfrac{1}{b-a+1}$
Espérance	**Variance**
$E(X)=\dfrac{a+b}{2}$	$V(X)=\dfrac{(b-a+1)^2-1}{12}$

Les lois uniformes traduisent parfaitement la situation d'équiprobabilité.

Loi de Bernoulli $\mathcal{B}(p)$ avec $p \in [0, 1]$

Support	Loi
$X(\Omega) = \{0, 1\}$	$P(X = 1) = p$
Espérance	**Variance**
$E(X) = p$	$V(X) = p(1 - p)$

On a bien sûr : $P(X = 0) = 1 - p$.

Loi binomiale $\mathcal{B}(n, p)$ avec $p \in [0, 1]$

Support	Loi
$X(\Omega) = [\![0, n]\!]$	$P(X = k) = \binom{n}{k} p^k (1 - p)^{n-k}$
Espérance	**Variance**
$E(X) = np$	$V(X) = np(1 - p)$

Une variable aléatoire suivant la loi binomiale $\mathcal{B}(n, p)$ peut être considérée comme le nombre de succès obtenus au cours de n épreuves *indépendantes*, chacune ayant deux issues possibles, le succès de probabilité p et l'échec de probabilité $1 - p$.

Somme de variables de Bernoulli

Si n variables aléatoires $X_1, X_2, ..., X_n$ sont **mutuellement indépendantes** et suivent toutes la loi de Bernoulli $\mathcal{B}(p)$, alors $X_1 + X_2 + ... + X_n$ suit la loi binomiale $\mathcal{B}(n, p)$.

Une variable aléatoire binomiale peut toujours s'écrire comme somme de variables aléatoires de Bernoulli **mutuellement indépendantes et de même paramètre p**.

Stabilité de la loi binomiale par l'addition

Si X_1 et X_2 sont deux variables aléatoires indépendantes suivant respectivement les lois $\mathcal{B}(n_1, p)$ et $\mathcal{B}(n_2, p)$, alors $X_1 + X_2$ suit la loi binomiale $\mathcal{B}(n_1 + n_2, p)$.

Loi géométrique $\mathcal{G}(p)$ avec $0 < p < 1$

Support	Loi
$X(\Omega) = \mathbb{N}^*$	$P(X = k) = (1-p)^{k-1} p$
Espérance	**Variance**
$E(X) = \dfrac{1}{p}$	$V(X) = \dfrac{1-p}{p^2}$

Une variable aléatoire géométrique peut être considérée comme le rang du premier succès au cours d'une succession d'épreuves *indépendantes*, chacune ayant deux issues possibles, le succès de probabilité p et l'échec de probabilité $1-p$.

Loi de Poisson $\mathcal{P}(\lambda)$ avec $\lambda > 0$

Support	Loi
$X(\Omega) = \mathbb{N}$	$P(X = k) = \dfrac{\lambda^k}{k!} e^{-\lambda}$
Espérance	**Variance**
$E(X) = \lambda$	$V(X) = \lambda$

Stabilité de la loi de Poisson par l'addition

Si X_1 et X_2 sont deux variables aléatoires indépendantes suivant respectivement les lois $\mathcal{P}(\lambda_1)$ et $\mathcal{P}(\lambda_2)$, alors $X_1 + X_2$ suit la loi de Poisson $\mathcal{P}(\lambda_1 + \lambda_2)$.

35. COUPLES DE VARIABLES DISCRÈTES

Loi d'un couple ou loi conjointe

Déterminer la loi d'un couple (X, Y) de variables aléatoires discrètes, c'est donner, pour tout (x, y) de $X(\Omega)\times Y(\Omega)$, la valeur de la probabilité $P\left([X=x]\cap[Y=y]\right)$.

Lois marginales

Soit (X, Y) un couple de variables aléatoires discrètes.
La loi de X est donnée par la formule des probabilités totales associée au système complet d'événements $(Y=y)_{y\in Y(\Omega)}$:

$$\forall x\in X(\Omega),\ P(X=x)=\sum_{y\in Y(\Omega)} P\left([X=x]\cap[Y=y]\right)$$

La loi de Y est donnée par la formule des probabilités totales associée au système complet d'événements $(X=x)_{x\in X(\Omega)}$:

$$\forall y\in Y(\Omega),\ P(Y=y)=\sum_{x\in X(\Omega)} P\left([X=x]\cap[Y=y]\right)$$

Indépendance de deux variables aléatoires

Deux variables aléatoires discrètes X et Y sont dites *indépendantes* si, pour tout couple $(x,y)\in X(\Omega)\times Y(\Omega)$, on a :

$$P\left([X=x]\cap[Y=y]\right)=P(X=x)\,P(Y=y)$$

Lois conditionnelles

La loi de X, conditionnellement à l'événement $(Y=y)$, est définie par la donnée, pour tout x de $X(\Omega)$, de $P_{(Y=y)}(X=x)$.

La loi de Y, conditionnellement à l'événement $(X=x)$, est définie par la donnée, pour tout y de $Y(\Omega)$, de $P_{(X=x)}(Y=y)$.

Lois marginales et lois conditionnelles

Si l'on connaît la loi marginale de Y, ainsi que la loi conditionnelle de X sachant que $(Y = y)$ est réalisé, alors la loi de X est encore déterminée par la formule des probabilités totales :

$$\forall x \in X(\Omega),\ P(X = x) = \sum_{y \in Y(\Omega)} P(Y = y) P_{(Y=y)}(X = x)$$

Si l'on connaît la loi marginale de X et la loi conditionnelle de Y sachant que $(X = x)$ est réalisé, alors la loi de Y est aussi déterminée par la formule des probabilités totales :

$$\forall y \in Y(\Omega),\ P(Y = y) = \sum_{x \in X(\Omega)} P(X = x) P_{(X=x)}(Y = y)$$

Loi de somme

Soit X et Y deux variables aléatoires discrètes **à valeurs entières**. La formule des probabilités totales associé au système complet d'événements $\left(X = i\right)_{i \in X(\Omega)}$ montre que, pour tout entier naturel n de $\left(X + Y\right)\left(\Omega\right)$, on a :

$$P\left(X + Y = n\right) = \sum_{i \in X(\Omega)} P([X = i] \cap [X + Y = n])$$

Ceci peut se réécrire :

$$P\left(X + Y = n\right) = \sum_{i \in X(\Omega)} P([X = i] \cap [Y = n - i])$$

Il reste à "trier" et ne conserver que les indices i pour lesquels $(Y = n - i)$ n'est pas impossible.

Si X et Y sont de plus indépendantes, on a :

$$P\left(X + Y = n\right) = \sum_{i \in X(\Omega)} P(X = i) P(Y = n - i)$$

Il reste à "trier" et ne conserver que les indices i pour lesquels $P(Y = n - i) \neq 0$.

Remarque. On peut bien sûr utiliser la formule des probabilités totales associé au système complet d'événements $(Y=j)_{j\in Y(\Omega)}$.

On obtient alors :

$$P(X+Y=n)=\sum_{j\in Y(\Omega)} P([X=n-j]\cap[Y=j])$$

Il reste à "trier" et ne conserver que les indices j pour lesquels $(X=n-j)$ n'est pas impossible.

Loi de max

Il faut savoir justifier ce qui suit :

Si l'on pose $M=\max(X,Y)$, où X et Y sont deux variables aléatoires **à valeurs entières**, alors :

$$\forall k\in M(\Omega),\ (M\leq k)=(X\leq k)\cap(Y\leq k)$$

Ayant obtenu $P(M\leq k)$, il reste ensuite à utiliser la formule :

$$P(M=k)=P(M\leq k)-P(M\leq k-1)$$

Loi de min

Il faut savoir justifier ce qui suit :

Si l'on pose $I=\min(X,Y)$, où X et Y sont deux variables aléatoires **à valeurs entières**, alors :

$$\forall k\in I(\Omega),\ (I>k)=(X>k)\cap(Y>k)$$

Ayant obtenu $P(I>k)$, il reste ensuite à montrer que :

$$P(I=k)=P(I>k-1)-P(I>k)$$

36. COVARIANCE ET CORRÉLATION

Espérance d'un produit

Soit (X, Y) un couple de variables aléatoires discrètes.
Si la variable aléatoire XY possède une espérance, alors cette dernière est définie par :

$$E(XY) = \sum_{x \in X(\Omega)} \sum_{y \in Y(\Omega)} x\,y\,P\left([X = x] \cap [Y = y]\right)$$

L'existence est acquise, soit si la somme est finie, soit si la série en jeu converge absolument.

Si X et Y sont **deux variables de Bernoulli**, alors on a :

$$E(XY) = P\left([X = 1] \cap [Y = 1]\right)$$

Définition de la covariance

On appelle *covariance* de X et Y, le réel défini, s'il existe, par :

$$\mathrm{Cov}(X, Y) = E\left((X - E(X))(Y - E(Y))\right)$$

Formule de Huygens

$$\mathrm{Cov}(X, Y) = E(XY) - E(X)E(Y)$$

Symétrie de la covariance

$$\mathrm{Cov}(X, Y) = \mathrm{Cov}(Y, X)$$

Lien entre covariance et variance

$$\mathrm{Cov}(X, X) = V(X)$$

Linéarité à gauche et à droite de la covariance

$$\text{Cov}(aX_1 + bX_2, Y) = a\,\text{Cov}(X_1, Y) + b\,\text{Cov}(X_2, Y)$$

$$\text{Cov}(X, aY_1 + bY_2) = a\,\text{Cov}(X, Y_1) + b\,\text{Cov}(X, Y_2)$$

Variable quasi certaine et covariance

Si A est une variable aléatoire quasi certaine, alors $\text{Cov}(A, X) = 0$.

Corrélation linéaire

On désigne par X et Y deux variables aléatoires de variances strictement positives.

On appelle *coefficient de corrélation linéaire* de X et Y, le réel

$$\rho(X,Y) = \frac{\text{Cov}(X,Y)}{\sqrt{V(X)}\sqrt{V(Y)}}$$

Le coefficient de corrélation linéaire de X et Y appartient à $[-1, 1]$.

$$\rho(X,Y) = \pm 1 \Leftrightarrow \exists (a,b) \in \mathbb{R}^* \times \mathbb{R},\ P(Y = aX + b) = 1.$$

- a est positif (Y varie dans le même sens que X) si, et seulement si, $\rho(X,Y) = 1$.
- a est négatif (Y varie dans le sens contraire de X) si, et seulement si, $\rho(X,Y) = -1$.

Variance de la somme de 2 variables

Si X et Y sont deux variables aléatoires discrètes, définies sur le même espace probabilisé $(\Omega, \mathcal{A}, P)$, et admettant des variances, alors, d'une part, la covariance de X et Y existe, d'autre part, $X + Y$ admet une variance, et l'on a :

$$V(X+Y) = V(X) + V(Y) + 2\,\text{Cov}(X,Y)$$

Variables indépendantes et covariance

Si X et Y sont deux variables aléatoires discrètes **indépendantes**, et telles que $E(XY)$ existe, alors on a : $E(XY) = E(X)\,E(Y)$.

Si X et Y sont deux variables aléatoires discrètes **indépendantes**, et telles que $E(XY)$ existe, alors on a : $\mathrm{Cov}(X,Y)=0$.

Variance de somme (indépendance)

Si X et Y sont deux variables aléatoires discrètes **indépendantes**, admettant une variance, alors on a :

$$V(X+Y)=V(X)+V(Y)$$

&

Nous devons plutôt nous fier au calcul algébrique qu'à notre jugement

Leonhard Euler

37. SUITES DE VARIABLES DISCRÈTES

Linéarité de l'espérance

Si $X_1, X_2, ..., X_n$ sont des variables aléatoires discrètes ayant une espérance, on a :

$$E\left(\sum_{k=1}^{n} X_k\right) = \sum_{k=1}^{n} E(X_k)$$

Indépendance mutuelle

Les variables aléatoires discrètes $X_1, X_2, ..., X_n$ sont mutuellement indépendantes si, pour tout $(x_1, x_2, ..., x_n)$ de $\mathbb{R}^n$, on a :

$$P\left(\bigcap_{i=1}^{n} [X_i = x_i]\right) = \prod_{i=1}^{n} P(X_i = x_i)$$

Suite de variables discrètes indépendantes

On dit qu'une suite de variables aléatoires $(X_n)_{n\in\mathbb{N}^*}$ est une suite de variables aléatoires indépendantes si, pour toute partie I finie de $\mathbb{N}^*$ et pour toute suite $(x_i)_{i\in I}$, on a :

$$P\left(\bigcap_{i\in I} [X_i = x_i]\right) = \prod_{i\in I} P(X_i = x_i)$$

"Lemme des coalitions"

Si $X_1, X_2, ..., X_n$ sont n variables discrètes mutuellement indépendantes, alors toute fonction de certaines d'entre elles est indépendante de toute fonction d'autres de ces variables.

Recherche de la loi du max de n variables

Il faut savoir justifier ce qui suit :

Si l'on pose $M_n = \max(X_1, X_2, ..., X_n)$, où $X_1, X_2, ..., X_n$ sont des variables aléatoires **à valeurs entières**, alors :

$$\forall k \in M_n(\Omega),\ (M_n \leq k) = \bigcap_{i=1}^{n} (X_i \leq k)$$

Si $X_1, X_2, ..., X_n$ sont **mutuellement indépendantes** et de même fonction de répartition F, on a : $P(M_n \leq k) = \left(F(k)\right)^n$.

Ensuite, on utilise : $P(M_n = k) = P(M_n \leq k) - P(M_n \leq k-1)$.

Recherche de la loi du min de n variables

Il faut savoir justifier ce qui suit :

Si l'on pose $I_n = \min(X_1, X_2, ..., X_n)$, où $X_1, X_2, ..., X_n$ sont des variables aléatoires **à valeurs entières**, alors :

$$\forall k \in I_n(\Omega),\ (I_n > k) = \bigcap_{i=1}^{n} (X_i > k)$$

Si $X_1, X_2, ..., X_n$ sont **mutuellement indépendantes** et de même fonction de répartition F, on a : $P(I_n > k) = \left(1 - F(k)\right)^n$.

Ensuite, il faut montrer que $P(I_n = k) = P(I_n > k-1) - P(I_n > k)$.

Variance de somme (indépendance)

Si les variables aléatoires discrètes $X_1, X_2, ..., X_n$ sont **deux à deux indépendantes** et possèdent des variances, alors on a :

$$V\left(\sum_{k=1}^{n} X_k\right) = \sum_{k=1}^{n} V(X_k)$$

&

Les mathématiques sont la clef pour comprendre et maîtriser nos mondes physiques sociaux et biologiques.

Morris Kline

38. VARIABLES ALÉATOIRES À DENSITÉ

Définition

Soit X une variable aléatoire de fonction de répartition F_X.
On dit que X est une *variable à densité* lorsque F_X est continue sur $\mathbb{R}$ et est de classe C^1 sur $\mathbb{R}$, sauf éventuellement en un nombre fini de points.

Densité

Si X est une variable à densité, de fonction de répartition F_X, alors toute fonction f_X, définie et positive sur $\mathbb{R}$, telle que $f_X(x) = F_X'(x)$ en chaque réel x où F_X est de classe C^1, est une densité de X. On a alors l'égalité très importante :

$$\forall x \in \mathbb{R}, \ F_X(x) = \int_{-\infty}^{x} f_X(t)\,dt$$

Propriété caractéristique d'une densité

Une fonction f est une densité si et seulement si :
- f est définie sur $\mathbb{R}$ et possède un nombre fini de points de discontinuité.
- f est une fonction à valeurs positives.
- $\int_{-\infty}^{+\infty} f(t)\,dt$ converge et est égale à 1.

Densité, fonction de répartition et probabilités

$$\forall x \in \mathbb{R}, \ 1 - F_X(x) = P(X > x) = \int_{x}^{+\infty} f_X(t)\,dt$$

Si X est une variable à densité, on a : $\forall x \in \mathbb{R}, \ P(X = x) = 0$.

Soit X une variable aléatoire de densité f_X, de fonction de répartition F_X. Pour tout (a, b) de $\mathbb{R}^2$ tel que $a < b$, on a :

$$P(a < X \leq b) = F_X(b) - F_X(a) = \int_a^b f_X(t)\,dt$$

Si X est une variable à densité, on a :

$$P(a < X \leq b) = P(a < X < b) = P(a \leq X < b) = P(a \leq X \leq b)$$

Indépendance

Deux variables aléatoires à densité, X et Y, sont indépendantes si, pour tout couple de réels (x, y), on a :

$$P([X \leq x] \cap [Y \leq y]) = P(X \leq x)P(Y \leq y)$$

Les variables à densité $X_1, X_2, ..., X_n$ sont dites mutuellement indépendantes si, pour tout $(x_1, x_2, ..., x_n)$ de $\mathbb{R}^n$, on a :

$$P\left(\bigcap_{i=1}^{n} [X_i \leq x_i] \right) = \prod_{i=1}^{n} P(X_i \leq x_i)$$

On dit qu'une suite de variables aléatoires $(X_n)_{n \in \mathbb{N}^*}$ est une suite de variables aléatoires indépendantes si, pour toute partie I finie de $\mathbb{N}^*$, on a : $P\left(\bigcap_{i \in I} [X_i \leq x_i] \right) = \prod_{i \in I} P(X_i \leq x_i)$

"Lemme des coalitions"

Si $X_1, X_2, ..., X_n$ sont n variables à densité mutuellement indépendantes, alors toute fonction de certaines d'entre elles est indépendante de toute fonction d'autres de ces variables.

Définition de l'espérance

Sous réserve de convergence absolue de l'intégrale écrite, l'*espérance* de la variable X (de densité f_X) est le réel :

$$E(X) = \int_{-\infty}^{+\infty} t\, f_X(t)\,dt$$

Fonction affine et espérance

Si a et b sont deux réels et si X est une variable aléatoire à densité admettant une espérance, alors on a :

$$E(aX+b)=aE(X)+b$$

Une variable aléatoire à densité ayant une espérance est dite *centrée* si son espérance est nulle.

Linéarité de l'espérance

Si X et Y sont deux variables aléatoires à densité admettant chacune une espérance, alors $X+Y$ admet une espérance et on a :

$$E(X+Y)=E(X)+E(Y)$$

Si $X_1, X_2, \ldots, X_n$ sont n variables aléatoires à densité, possédant chacune une espérance, si $\alpha_1, \alpha_2, \ldots, \alpha_n$ sont n réels, alors $\sum_{i=1}^{n} \alpha_i X_i$ possède une espérance et on a : $E\left(\sum_{i=1}^{n} \alpha_i X_i\right)=\sum_{i=1}^{n} \alpha_i E(X_i)$.

En particulier : $E\left(\sum_{i=1}^{n} X_i\right)=\sum_{i=1}^{n} E(X_i)$

Croissance de l'espérance

Si X et Y sont deux variables aléatoires à densité, admettant chacune une espérance, et telles que $X \leq Y$, alors on a :

$$E(X) \leq E(Y)$$

Théorème de transfert

Si X est une variable aléatoire de densité f_X, dont le support est un intervalle I d'extrémités a et b (réels ou infinis), et si g est une fonction à valeurs dans $\mathbb{R}$ et continue sur I (sauf éventuellement en un nombre fini de points), alors $E(g(X))$ existe si, et seulement si, l'intégrale $\int_a^b g(t) f_X(t)\,dt$ est absolument convergente, et on a :

$$E\big(g(X)\big)=\int_a^b g(t) f_X(t)\,dt$$

Moment d'ordre 2

Sous réserve de convergence absolue de l'intégrale écrite, le *moment d'ordre* 2 de la variable aléatoire X (de densité f_X) est le réel :

$$E\left(X^2\right)=\int_{-\infty}^{+\infty} t^2 f_X(t)\,dt$$

Variance

Si X est une variable aléatoire de densité f_X admettant un moment d'ordre 2, alors elle possède une espérance et une *variance* définie par :

$$V(X)=\int_{-\infty}^{+\infty}(t-E(X))^2 f_X(t)\,dt$$

Formule de Koenig-Huygens

Si X est une variable aléatoire à densité possédant une variance, alors on a :

$$V(X)=E\left(X^2\right)-\left(E(X)\right)^2$$

Fonction affine et variance

Si a et b sont deux réels et si X est une variable aléatoire à densité admettant une variance, alors on a :

$$V(aX+b)=a^2V(X)$$

Variable aléatoire réduite

Une variable aléatoire à densité ayant une variance est dite *réduite* si sa variance est égale à 1.

Une variable aléatoire à densité X ayant une espérance et une variance est dite *centrée réduite* si : $E(X) = 0$ et $V(X) = 1$.

Si X possède une espérance et une variance non nulle, alors la variable aléatoire $X^* = \dfrac{X - E(X)}{\sqrt{V(X)}}$ est la variable centrée réduite associée à X.

Variance d'une somme

Si X et Y sont deux variables aléatoires à densité, **indépendantes**, et admettant chacune une variance, alors $X+Y$ admet une variance et on a : $V(X+Y) = V(X) + V(Y)$

Si $X_1, X_2, \ldots, X_n$ sont des variables aléatoires à densité, **mutuellement indépendantes** (ou même seulement **deux à deux indépendantes**), et ayant chacune une variance, alors $\sum_{i=1}^{n} X_i$ a une variance :

$$V\left(\sum_{i=1}^{n} X_i\right) = \sum_{i=1}^{n} V(X_i)$$

Loi de max

Si l'on pose $M = \max(X, Y)$, où X et Y sont deux variables aléatoires à densité, alors : $\forall x \in \mathbb{R}$, $(M \leq x) = (X \leq x) \cap (Y \leq x)$.

Loi de min

Si l'on pose $I = \min(X, Y)$, où X et Y sont deux variables aléatoires à densité, alors : $\forall x \in \mathbb{R}$, $(I > x) = (X > x) \cap (Y > x)$.

39. LOIS À DENSITÉ USUELLES

Loi uniforme sur [a, b] avec $a < b$

Densité	Fonction de répartition
$f(x) = \begin{cases} \dfrac{1}{b-a} & \text{si } x \in [a, b] \\ 0 & \text{sinon} \end{cases}$	$F(x) = \begin{cases} 0 & \text{si } x < a \\ \dfrac{x-a}{b-a} & \text{si } x \in [a, b] \\ 1 & \text{si } x > b \end{cases}$
Espérance	**Variance**
$E(X) = \dfrac{a+b}{2}$	$V(X) = \dfrac{(b-a)^2}{12}$

Cas particulier : loi uniforme sur [0, 1]

Densité	Fonction de répartition
$f(x) = \begin{cases} 1 \text{ si } x \in [0, 1] \\ 0 \text{ sinon} \end{cases}$	$F(x) = \begin{cases} 0 \text{ si } x < 0 \\ x \text{ si } x \in [0, 1] \\ 1 \text{ si } x > 1 \end{cases}$
Espérance	**Variance**
$E(X) = \dfrac{1}{2}$	$V(X) = \dfrac{1}{12}$

Loi uniforme et fonction affine

X suit la loi $\mathcal{U}([0, 1]) \Leftrightarrow (b-a)X + a$ suit la loi $\mathcal{U}([a, b])$

Loi exponentielle de paramètre λ, avec $\lambda > 0$

Densité	Fonction de répartition
$f(x) = \begin{cases} 0 & \text{si } x < 0 \\ \lambda e^{-\lambda x} & \text{si } x \geq 0 \end{cases}$	$F(x) = \begin{cases} 0 & \text{si } x < 0 \\ 1 - e^{-\lambda x} & \text{si } x \geq 0 \end{cases}$
Espérance	**Variance**
$E(X) = \dfrac{1}{\lambda}$	$V(X) = \dfrac{1}{\lambda^2}$

Absence de mémoire

Les variables aléatoires suivant une loi exponentielle sont (mises à part la variable quasi-certaine égale à 0) les seules variables aléatoires positives sans mémoire :

$$\forall (t,h) \in (\mathbb{R}_+)^2,\ \ P(X > t+h) = P(X > t)P(X > h)$$

Si $P(X > h) \neq 0$, la propriété d'absence de mémoire s'écrit :

$$\forall (t,h) \in (\mathbb{R}_+)^2,\ P_{(X>h)}(X > t+h) = P(X > t)$$

Lien entre les lois exponentielles

$$X \text{ suit } \mathcal{E}(1) \iff \frac{1}{\lambda}X \ \text{ suit } \mathcal{E}(\lambda)$$

Loi normale $\mathcal{N}(m,\ \sigma^2)$, avec $\sigma > 0$

Densité	**Fonction de répartition**
$\varphi_{m,\sigma}(t) = \dfrac{1}{\sigma\sqrt{2\pi}}\,\mathrm{e}^{-\frac{(t-m)^2}{2\sigma^2}}$	$\Phi_{m,\sigma}(x) = \int_{-\infty}^{x} \varphi_{m,\sigma}(t)\,\mathrm{d}t$
Espérance	**Variance**
$E(X) = m$	$V(X) = \sigma^2$

$X(\Omega) = \mathbb{R}$

Loi normale centrée réduite $\mathcal{N}(0, 1)$

Densité	**Fonction de répartition**
$\varphi(t) = \dfrac{1}{\sqrt{2\pi}}\mathrm{e}^{-\frac{t^2}{2}}$	$\Phi(x) = \dfrac{1}{\sqrt{2\pi}}\int_{-\infty}^{x} \mathrm{e}^{-\frac{t^2}{2}}\mathrm{d}t$
Espérance	**Variance**
$E(X) = 0$	$V(X) = 1$

Propriétés de Φ

Pour tout réel x, on a :

$$\Phi(-x) = 1 - \Phi(x)$$

On en déduit : $\Phi(0) = \dfrac{1}{2}$.

Loi normale et fonction affine

On désigne par a et b deux réels (avec $a \neq 0$).

$$X \text{ suit la loi } \mathcal{N}(m, \sigma^2) \Leftrightarrow aX + b \text{ suit la loi } \mathcal{N}(am+b\,,\, a^2\sigma^2)$$

Lien entre les lois normales

Si σ et m sont deux réels (avec $\sigma > 0$), on a l'équivalence suivante :

$$X \text{ suit la loi } \mathcal{N}(m, \sigma^2) \Leftrightarrow \frac{X-m}{\sigma} \text{ suit la loi } \mathcal{N}(0, 1)$$

Stabilité par l'addition des lois normales

Si $(X_i)_{i\in\mathbb{N}^*}$ est une suite de variables aléatoires indépendantes, et telles que pour tout i de $\mathbb{N}^*$, X_i suit la loi $\mathcal{N}(m_i, \sigma_i^2)$, alors :

$$\sum_{i=1}^{n} X_i \text{ suit la loi } \mathcal{N}\left(\sum_{i=1}^{n} m_i\,,\, \sum_{i=1}^{n} \sigma_i^2\right).$$

&

La prévision est toujours difficile,
surtout lorsqu'elle concerne le futur.

Niels Bohr

40. LOI FAIBLE DES GRANDS NOMBRES

Inégalité de Markov

Si X est une variable aléatoire positive (discrète ou à densité) possédant une espérance, alors on a :

$$\forall a > 0,\ P(X \geq a) \leq \frac{E(X)}{a}$$

Inégalité de Bienaymé-Tchebychev

Si X est une variable aléatoire (discrète ou à densité) possédant une espérance et une variance, alors on a :

$$\forall \varepsilon > 0,\ P(|X - E(X)| \geq \varepsilon) \leq \frac{V(X)}{\varepsilon^2}$$

Loi faible des grands nombres

Soit $(X_n)_{n\geq 1}$ une suite de variables aléatoires réelles définies sur le même espace probabilisé, indépendantes, ayant chacune une même espérance m et une même variance.

Si l'on pose $\overline{X}_n = \frac{1}{n}\sum_{i=1}^{n} X_i$, on a :

$$\forall \varepsilon > 0,\ \lim_{n \to +\infty} P(|\overline{X}_n - m| \geq \varepsilon) = 0$$

41. CONVERGENCE EN LOI

Convergence en loi

Soit $(X_n)_{n\in\mathbb{N}}$ une suite de variables aléatoires toutes définies sur $(\Omega, \mathcal{A}, P)$, X_n ayant pour fonction de répartition F_n.
Soit X une variable aléatoire définie également sur $(\Omega, \mathcal{A}, P)$ et de fonction de répartition F.
On dit que la suite $(X_n)_{n\in\mathbb{N}}$ *converge en loi* vers X si, en tout point x où F est continue, on a :

$$\lim_{n\to+\infty} F_n(x) = F(x)$$

Notation de la convergence en loi

Si la suite $(X_n)_{n\in\mathbb{N}}$ *converge en loi* vers X, on note : $X_n \xrightarrow{\mathcal{L}} X$.

Convergence en loi (cas discret)

Soit $(X_n)_{n\in\mathbb{N}}$ une suite de variables aléatoires discrètes et X une variable aléatoire discrète, toutes définies sur le même espace probabilisé et à valeurs dans $\mathbb{Z}$. La suite (X_n) converge en loi vers X si et seulement si :

$$\forall k \in \mathbb{Z}, \lim_{n\to+\infty} P(X_n = k) = P(X = k)$$

Loi binomiale vers loi de Poisson

Soit λ un réel strictement positif. Si $(X_n)_{n\in\mathbb{N}^*}$ est une suite de variables aléatoires telles que, pour tout entier naturel n supérieur à λ, X_n suit la loi binomiale $\mathcal{B}\left(n, \frac{\lambda}{n}\right)$, alors la suite $(X_n)_{n\in\mathbb{N}^*}$ converge en loi vers une variable aléatoire X suivant la loi de Poisson de paramètre λ.

③ 4 lemme aux conditions.

Théorème limite central

Soit (X_n) une suite de variables aléatoires définies sur le même espace probabilisé, indépendantes et de même loi, ayant chacune une espérance m et une variance σ^2 non nulle.

Si l'on note $\overline{X}_n = \frac{1}{n}\sum_{i=1}^{n} X_i$, alors la suite des variables aléatoires centrées réduites $\overline{X}_n^* = \frac{\overline{X}_n - E(\overline{X}_n)}{\sqrt{V(\overline{X}_n)}} = \sqrt{n}\,\frac{\overline{X}_n - m}{\sigma}$ converge en loi vers une variable aléatoire suivant la loi normale centrée réduite. On a donc :

$$\forall x \in \mathbb{R},\ \lim_{n\to+\infty} P(\overline{X}_n^* \leq x) = \Phi(x)$$

On en déduit :

$$\forall (a,b) \in \mathbb{R}^2,\ \lim_{n\to+\infty} P\left(a \leq \overline{X}_n^* \leq b\right) = \Phi(b) - \Phi(a)$$

Approximations

- On approche la loi $\mathcal{B}(n,p)$ par la loi $\mathcal{N}(np, npq)$ dès que $n \geq 20$ et p voisin de 0,5.
- On approche la loi $\mathcal{P}(\lambda)$ par la loi $\mathcal{N}(\lambda, \lambda)$ dès que $\lambda \geq 10$.

&

Les mathématiques sont une gymnastique de l'esprit et une préparation à la philosophie.

Isocrate

42. ESTIMATION

Présentation

On considère une variable aléatoire X dont le type de loi est connu et dépend d'un paramètre inconnu θ, réel (comme le paramètre λ d'une variable exponentielle) ou vectoriel (comme le couple (m, σ^2) d'une variable normale). L'objectif est de donner une *estimation* de la valeur d'un certain réel de la forme $g(\theta)$.
Dans les énoncés de concours, la quantité que l'on souhaite estimer est notée θ, et non pas $g(\theta)$, nous noterons donc θ la quantité à estimer.
On désigne par n un entier naturel au moins égal à 2.

Échantillonnage

On appelle *n-échantillon* de la loi de X tout n-uplet $(X_1, X_2, ..., X_n)$ de variables aléatoires définies sur le même espace probabilisé $(\Omega, \mathcal{A}, P)$, mutuellement indépendantes et ayant toutes la loi de X.

Si $(X_1, X_2, ..., X_n)$ est un échantillon de la loi de X, on appelle *réalisation* de cet échantillon (ou aussi *échantillon observé*), tout n-uplet $(x_1, x_2, ..., x_n)$, où, pour tout k de $[\![1, n]\!]$, x_k est la valeur prise par la variable aléatoire X_k.

Estimateur

Si $(X_1, X_2, ..., X_n)$ est un échantillon de la loi de X, on appelle *estimateur* de θ toute variable aléatoire fonction de $X_1, X_2, ..., X_n$, mais indépendante de θ.

Estimation

Si $\varphi(X_1, X_2, ..., X_n)$ est un estimateur de θ, alors $\varphi(x_1, x_2, ..., x_n)$ est une *estimation* de θ, c'est-à-dire la valeur que le statisticien accordera à θ.

Exemple de la moyenne empirique

Si $(X_1, X_2, ..., X_n)$ est un échantillon de la loi de X, on appelle moyenne empirique de $X_1, X_2, ..., X_n$, la variable aléatoire $\overline{X_n}$ définie par : $\overline{X_n} = \frac{1}{n}\sum_{i=1}^{n} X_i$.

La réalisation de $\overline{X_n}$ sur l'échantillon observé $(x_1, x_2, ..., x_n)$ est le réel $\frac{1}{n}\sum_{i=1}^{n} x_i$ qui est l'estimation de l'espérance de X.

Intervalle de confiance pour une espérance

Les intervalles de confiance pour une espérance s'obtiennent grâce à l'inégalité de Markov ou à celle de Bienaymé-Tchebychev.

Variance empirique

Si $(X_1, X_2, ..., X_n)$ est un échantillon de la loi de X, on appelle variance empirique de $X_1, X_2, ..., X_n$, la variable aléatoire $\overline{S_n}$ définie par : $\overline{S_n} = \frac{1}{n}\sum_{i=1}^{n}\left(X_i - \overline{X_n}\right)^2$.

Intervalle de confiance asymptotique (non exigible)

Ce résultat est une conséquence du théorème limite central.

On note t_α le réel défini par $\Phi(t_\alpha) = 1 - \frac{\alpha}{2}$.

Si $(X_1, X_2, ..., X_n)$ est un échantillon de la loi de X et si m désigne l'espérance de X, alors la probabilité que m appartienne à l'intervalle $\left[\overline{X}_n - t_\alpha \frac{\overline{S}_n}{\sqrt{n}}, \overline{X}_n + t_\alpha \frac{\overline{S}_n}{\sqrt{n}}\right]$ tend vers $1-\alpha$ lorsque n tend vers $+\infty$.

Le réel $1-\alpha$ s'appelle le *niveau de confiance* de l'intervalle.

Statistique

43. STATISTIQUE UNIVARIÉE

Soit une population Ω, N le nombre de ses individus (notés ω) et X une variable statistique associée à Ω. Les valeurs de X sont :

- les *modalités* $x_1,\ldots, x_p$ si X est discrète
- regroupées en classes : $[x_1, x_2[,\ldots, [x_p, x_{p+1}[$, si X est continue.

Effectifs, fréquences

L'effectif de la modalité x_i ou de la classe $[x_i, x_{i+1}[$ est le nombre n_i d'individus ω de Ω tels que $X(\omega) = x_i$ ou $X(\omega) \in [x_i, x_{i+1}[$.

La fréquence de la modalité x_i ou de la classe $[x_i, x_{i+1}[$ est alors :

$$f_i = \frac{n_i}{N}$$

Effectifs cumulés, fréquences cumulées

L'*effectif cumulé* en x_i (ou en $[x_i, x_{i+1}[$) est la somme des effectifs des modalités (ou des classes) qui lui sont inférieures ou égales.
On définit de même la *fréquence cumulée* en x_i (ou en $[x_i, x_{i+1}[$).

Série statistique simple

On parle de *série statistique simple* dans le cas d'une seule variable étudiée. On la note alors $(x_i, n_i)_{1\leq i\leq p}$ ou $(x_i, f_i)_{1\leq i\leq p}$.

On dit qu'elle est *groupée* si les valeurs de X sont groupées par classes. On la note alors $([x_i, x_{i+1}[, n_i)_{1\leq i\leq p}$ ou $([x_i, x_{i+1}[, f_i)_{1\leq i\leq p}$.

Diagramme en bâtons

On représente la série statistique $(x_i, n_i)_{1\leq i\leq p}$ en plaçant sur un axe horizontal les x_i, et en dressant à la verticale de chaque x_i un bâton de hauteur égale à n_i (on peut remplacer les n_i par les f_i).

Histogramme

On représente la série statistique groupée $([x_i, x_{i+1}[, n_i)_{1 \le i \le p}$ en plaçant les x_i sur un axe horizontal, et en traçant à la verticale de chaque segment $[x_i, x_{i+1}]$ un rectangle de base $[x_i, x_{i+1}]$ et d'aire proportionnelle à n_i (on peut remplacer les n_i par les f_i).

Mode, classe modale

Cas discret. On appelle *mode* d'une série statistique toute valeur de la variable correspondant au plus grand effectif.
Cas continu. On appelle *classe modale* d'une série statistique groupée toute classe correspondant au rectangle de plus grande hauteur de l'histogramme de cette série.

Moyenne

Cas discret. La *moyenne* de la série statistique $(x_i, n_i)_{1 \le i \le p}$ (ou $(x_i, f_i)_{1 \le i \le p}$) est

$$\overline{X} = \frac{1}{N}\sum_{i=1}^{p} n_i x_i = \sum_{i=1}^{p} f_i x_i$$

Cas continu. La *moyenne* de la série statistique groupée $([x_i, x_{i+1}[, n_i)_{1 \le i \le p}$ est la moyenne de la série $(\frac{x_i + x_{i+1}}{2}, n_i)_{1 \le i \le p}$.

Effet d'un changement de variable

La moyenne de la série statistique obtenue en transformant chaque valeur x_i de X en $ax_i + b$, où a et b sont deux réels, est $a\overline{X} + b$.

Médiane

La *médiane* d'une série statistique est le réel noté M_e partageant la série en deux séries d'effectifs égaux selon le procédé suivant :
Cas d'une série discrète : en ordonnant les N valeurs de la série, M_e est la $(N + 1)/2$-ième valeur si N est impair, c'est la moyenne entre la $(N/2)^{\text{ème}}$ et la $(N/2 + 1)^{\text{ème}}$ sinon.

Cas d'une série groupée : c'est la valeur qui correspond à 50 % des fréquences cumulées.

Variance

La *variance* de la série statistique $(x_i, n_i)_{1 \le i \le p}$ (cu $(x_i, f_i)_{1 \le i \le p}$) est

$$V(X) = \frac{1}{N}\sum_{i=1}^{p} n_i (x_i - \overline{X})^2 = \sum_{i=1}^{p} f_i (x_i - \overline{X})^2$$

Cas continu. Comme pour l'espérance, on remplace les x_i par les centres des classes.

Formule de Koenig-Huygens

$$V(X) = \frac{1}{N}\sum_{i=1}^{p} n_i x_i^2 - (\overline{X})^2 = \sum_{i=1}^{p} f_i x_i^2 - (\overline{X})^2$$

Écart-type

L'*écart type* d'une série statistique est le réel ncté σ_X définit par :

$$\sigma_X = \sqrt{V(X)}$$

Quantiles

Quartiles. On appelle *premier* (resp. *troisième*) *quartile* d'une série statistique, le réel noté q_1 (resp. q_3), correspondant à 25 % (resp. 75 %) des fréquences cumulées.

Écart interquartile. L'*écart interquartile* est le nombre $q_3 - q_1$.

Déciles. On appelle k^e *décile* d'une série statistique, le réel correspondant à $10k$ % des fréquences cumulées.

44. STATISTIQUE BIVARIÉE

Soit une population Ω de taille N, et X et Y deux variables statistiques associées à Ω. On considère la *série statistique double* $((x_i, y_j), n_{i,j})_{(i,j)\in[\![1,n]\!]\times[\![1,p]\!]}$ où les x_i et les y_j sont les valeurs prises par X et Y, et $n_{i,j}$ est l'effectif du couple (x_i, y_j).

Fréquences

La fréquence du couple (x_i, y_j) est le réel noté $f_{i,j}$, défini par :

$$f_{i,j} = \frac{n_{i,j}}{N}$$

Tableau des effectifs

Le *tableau des effectifs* de la série $((x_i, y_j), n_{i,j})_{(i,j)\in[\![1,n]\!]\times[\![1,p]\!]}$ est un tableau à double entrée : les x_i en colonne, les y_j en ligne, et les $n_{i,j}$ à l'intersection de la i^e ligne et de la j^e colonne.

Effectifs marginaux, fréquences marginales

- L'effectif marginal associé à x_i, noté $n_{i\bullet}$, est l'effectif associé à la valeur x_i de la variable X.
- L'effectif marginal associé à y_j, noté $n_{\bullet j}$, est l'effectif associé à la valeur y_j de la variable Y.
- On définit de même la fréquence marginale associées à x_i, notée $f_{i\bullet}$, et la fréquence marginale associée à y_j, notée $f_{\bullet j}$.

Séries marginales

Les séries statistiques $(x_i, n_{i\bullet})_{i\in[\![1,n]\!]}$ et $(y_j, n_{\bullet j})_{j\in[\![1,p]\!]}$ s'appellent respectivement *première* et *seconde série statistique marginale*.

Lien entre effectifs marginaux et effectifs

$$\forall (i,j) \in [\![1,n]\!] \times [\![1,p]\!],\ n_{i\bullet} = \sum_{j=1}^{p} n_{i,j} \text{ et } n_{\bullet j} = \sum_{i=1}^{n} n_{i,j}$$

De même en remplaçant les effectifs par les fréquences.

Fréquences conditionnelles

• Pour tout entier j fixé dans $[\![1,p]\!]$, la *fréquence conditionnelle* associée à x_i, sachant que Y vaut y_j, est le quotient $f_{i,j} / f_{\bullet j}$.

• Pour tout entier i fixé dans $[\![1,n]\!]$, la *fréquence conditionnelle* associée à y_j, sachant que X vaut x_i, est le quotient $f_{i,j} / f_{i\bullet}$.

Séries conditionnelles

• Pour tout entier j de $[\![1,p]\!]$, la *série statistique conditionnelle de X sachant que Y vaut* y_j est la série statistique $(x_i, f_{i,j} / f_{\bullet j})_{i \in [\![1,n]\!]}$.

• Pour tout entier i de $[\![1,n]\!]$, la *série statistique conditionnelle de Y sachant que X vaut* x_i est la série statistique $(y_j, f_{i,j} / f_{i\bullet})_{j \in [\![1,p]\!]}$.

Covariance, coefficient de corrélation linéaire

La *covariance* de la série statistique $((x_i, y_j), n_{i,j})_{(i,j) \in [\![1,n]\!] \times [\![1,p]\!]}$ est :

$$\mathrm{Cov}(X,Y) = \frac{1}{N} \sum_{i=1}^{n} \sum_{j=1}^{p} n_{i,j} x_i x_j - \overline{X}\,\overline{Y} = \sum_{i=1}^{n} \sum_{j=1}^{p} f_{i,j} x_i x_j - \overline{X}\,\overline{Y}$$

Le *coefficient de corrélation linéaire* de la série précédente est :

$$\rho(X,Y) = \frac{\mathrm{Cov}(X,Y)}{\sigma_X \sigma_Y}$$

Inégalité sur le coefficient de corrélation

$$|\rho(X,Y)| \leq 1$$

Nuage de points, point moyen

• On appelle *nuage de points* de la série statistique $(x_i, y_i)_{i\in[\![1,N]\!]}$, l'ensemble des points M_i de coordonnées (x_i, y_i), $i \in [\![1,N]\!]$.

• Le point moyen du nuage est le point de coordonnées $(\overline{X}, \overline{Y})$.

Droite de régression linéaire de Y en X

Il existe une unique droite d'équation $y = ax + b$, rendant minimale la quantité $\sum_{i=1}^{N}(y_i - ax_i - b)^2$. C'est la droite d'équation

$$y = \frac{\mathrm{Cov}(X,Y)}{\sigma_X^2}(x - \overline{X}) + \overline{Y}$$

Cette droite est appelée *droite de régression linéaire de Y en X.*

Droite de régression linéaire de X en Y

Il existe une unique droite d'équation $x = ay + b$, rendant minimale la quantité $\sum_{i=1}^{N}(x_i - ay_i - b)^2$. C'est la droite d'équation

$$x = \frac{\mathrm{Cov}(X,Y)}{\sigma_Y^2}(y - \overline{Y}) + \overline{X}$$

Cette droite est appelée *droite de régression linéaire de X en Y.*

Droite de régression linéaire et point moyen

Les droites de régression linéaire de Y en X, et de X en Y, passent toutes deux par le point moyen du nuage associé.

Informatique (Python)

45. GÉNÉRALITÉS

Commentaires Python

Dans un programme, on insère les éventuels commentaires en fin de ligne, après le symbole #.

Variable

Une variable est un emplacement de mémoire dans lequel on peut stocker un contenu (numérique, matriciel, booléen ou autre).

Type

Le type d'une variable est la nature de son contenu.

- `int` : les entiers.
- `float` : les nombres à virgule.
- `bool` : les booléens.
- `str` : les chaînes de caractères.
- `np.array` : les objets matriciels.

Booléen

Le contenu d'une variable est booléen quand il peut être qualifié de vrai (il a alors la valeur `True`) ou de faux (`False`).

Chaîne de caractères

Une chaîne de caractères est une suite de symboles du clavier écrits entre guillemets (ou entre apostrophes si la chaîne ne contient pas elle-même d'apostrophe).

Affectation

L'instruction `a=4` crée la variable `a` et lui affecte la valeur 4.

Instruction input

L'instruction `a=input("texte")` affiche le *texte* d'invite écrit entre guillemets. La chaîne de caractères entrée au clavier par l'utilisateur est ensuite affectée à la variable `a` (`a` est de type `str`).
L'instruction `a=int(input("texte"))` permet de saisir un entier au clavier et de l'affecter à la variable `a` (`a` est de type `int`).
L'instruction `a=float(input("texte"))` permet de saisir un nombre à virgule.

Instruction print

L'instruction `print(a)` affiche le contenu de la variable `a`.
L'instruction `print("texte")` affiche le *texte* écrit entre guillemets (ou apostrophes). L'instruction `print("texte",a)` affiche le *texte* suivi du contenu de la variable `a`.

Opérations sur les nombres

addition	soustraction	Multiplication	Division	Puissance
a+b	a-b	a*b	a/b	a**b

Opérateurs logiques

et	ou	non	=	<	>	≤	≥	≠
and	or	not	==	<	>	<=	>=	!=

L'énumérateur range

`range(n)` énumère les entiers successifs de 0 à $n-1$
`range(n,m)` énumère les entiers successifs de n à $m-1$.
`range(n,m,r)` énumère les entiers $n, n+r, n+2r, ...$ jusqu'à la dernière valeur strictement inférieure à m (`r` s'appelle le *pas*).

Boucle « for »

`for k in range(n) :` `  |-instructions-`	Répète n fois les instructions, une fois pour chaque valeur de k de $[\![0, n-1]\!]$.

L'énumérateur peut être `range(n,m)` ou `range(n,m,r)`.
Le bloc d'instructions doit être indenté (placé en retrait).

Boucle « while »

```
while -condition- :
    |-instructions-
```

Répète les instructions indentées tant que le test défini par la *condition* est vrai.

Les instructions conditionnelles

```
if -condition- :
    |-instruction-
```

Exécute l'instruction si la condition est vraie (ne fait rien sinon).

```
if -condition- :
    |-instruction 1-
else :
    |-instruction 2-
```

Exécute l'instruction 1 si la condition est vraie, et l'instruction 2 sinon.

```
if -condition 1- :
    |-instruction 1-
elif -condition 2- :
    |-instruction 2-
else :
    |-instruction 3-
```

Exécute l'instruction 1 si la condition 1 est vraie.
Sinon, et dans le cas où la condition 2 est vraie, exécute l'instruction 2.
Sinon (c'est-à-dire si ni la condition 1, ni la condition 2 ne sont vraies), exécute l'instruction 3.
On peut commander plusieurs blocs `elif`.

Fonctions

```
def f(x) :
    return ...
```

Crée la fonction f qui, à la variable x, associe l'expression $f(x)$ définie après `return`.

```
def f(x) :
    |-instructions-
    | return ...
```

Si la « fabrication » de $f(x)$ nécessite des instructions, elles doivent être indentées. L'expression qui définit $f(x)$ reste placée après `return`.

Par exemple, les instructions peuvent se présenter sous la forme `y=---`, et dans ce cas, on écrit ensuite `return y`.

Listes

Une liste est une série de valeurs, non nécessairement du même type, que l'on déclare entre crochets en séparant les différentes valeurs par des virgules. Il est possible de déclarer une liste en explicitant son procédé de construction. On parle de déclaration *en compréhension*.
Une liste est indexée et l'indexation commence à 0.

Modification de listes

La commande `u.append(a)` ajoute à la liste `u` l'élément `a` qui est alors placé en fin de liste.
La commande `u+v` renvoie la liste formée par concaténation (juxtaposition) des listes `u` et `v`, dans cet ordre.
Si n est un entier supérieur ou égal à 1, la commande `u*n` renvoie la liste obtenue en concaténant n fois la liste `u`.
Pour modifier un élément d'indice i dans une liste `u`, il suffit d'affecter à `u[i]` la nouvelle valeur.

Longueur d'une liste

La commande `len(u)` renvoie la longueur de la liste `u`, c'est-à-dire son nombre d'éléments.

Recherche dans une liste

La commande `x in u` permet de tester l'appartenance de l'élément `x` à la liste `u` sous la forme d'un booléen qui prend la valeur `True` si `x` est un élément de `u` et la valeur `False` sinon.
La commande `u.count(x)` renvoie le nombre d'éléments de la liste `u` ayant la valeur `x`.

Suppression d'un élément d'une liste

Si `u` est une liste de n éléments, la commande `del u[i]` agit sur la liste en supprimant l'élément d'indice i (i étant un entier entre 0 et $n-1$).

Boucle for sur une liste

Pour répéter l'instruction `instr` pour chaque valeur `k` d'une liste `L`, on écrit :

```
for k in L :
    Instr
```

&

Le climat des mathématiques est commandé par les rigueurs d'une logique implacable

Arnaud Denjoy

46. LIBRAIRIES

Importation de la librairie numpy

```
import numpy as np
```

Constantes

Deux constantes réelles : π, noté `np.pi` et e, noté `np.e`.

Fonctions prédéfinies de Python

$\ln x$	e^x	$\sqrt{x}$
`np.log(x)`	`np.exp(x)`	`np.sqrt(x)`

$\lvert x \rvert$	$\lfloor x \rfloor$
`np.abs(x)`	`np.floor(x)`

Construction d'un vecteur

- `np.array([a,b,c])` est le vecteur de composantes a, b, c.
- `np.arange(a,b,r)` est le vecteur de composantes $a, a+r, a+2r, ...$ jusqu'à la dernière valeur strictement inférieure à b. Si le pas `r` n'est pas mentionné, il vaut 1 par défaut.
- `np.linspace(a,b,n)` est le vecteur à n composantes équiréparties, commençant par a et finissant par b.

Construction d'une matrice

- `np.array([[a,b,c],[d,e,f]])` : matrice $\begin{pmatrix} a & b & c \\ d & e & f \end{pmatrix}$
- `np.array([[a,b,c]])` : matrice ligne $\begin{pmatrix} a & b & c \end{pmatrix}$
- `np.array([[a],[b]])` : matrice colonne $\begin{pmatrix} a \\ b \end{pmatrix}$

Vecteurs prédéfinis

- `np.zeros(n)` est le vecteur à n composantes égales à 0.
- `np.ones(n)` est le vecteur à n composantes égales à 1.

Matrices prédéfinies

- `np.zeros((n,p))` : matrice nulle de $\mathcal{M}_{n,p}(\mathbb{R})$.
- `np.ones((n,p))` : matrice de $\mathcal{M}_{n,p}(\mathbb{R})$ composée de 1.
- `np.eye(n,p)` : matrice de $\mathcal{M}_{n,p}(\mathbb{R})$ dont tous les éléments sont nuls sauf les éléments dont le numéro de ligne est égal au numéro de colonne (ce sont les éléments diagonaux si $p=n$) qui eux valent 1.

Opérations sur les matrices (élément à élément)

Syntaxe	`α*A`	`A+B`	`A-B`	`A*B`	`A/B`	`A**B`
Matrice renvoyée	αA	$A+B$	$A-B$	$(a_{i,j} b_{i,j})$	$(a_{i,j} / b_{i,j})$	$\left(a_{i,j}^{b_{i,j}}\right)$

Produit matriciel

L'instruction `np.dot(A,B)` renvoie le produit matriciel AB.

Transposition

L'instruction `np.transpose(A)` renvoie la transposée de la matrice A.

Fonctions de matrices

Si `A` est la matrice $(a_{i,j})$ et si f est une fonction prédéfinie de `Python`, alors `f(A)` est la matrice $(f(a_{i,j}))$.

Autres opérations sur un objet matriciel

La variable `A` contient une matrice de $\mathcal{M}_{n,p}(\mathbb{R})$ et `u` un vecteur.

- `a,b=np.shape(A)` affecte à la variable `a` le nombre de lignes et à la variable `b` le nombre de colonnes de la matrice A.
- `np.sum(u)` renvoie la somme des éléments du vecteur `u`.
- `np.cumsum(u)` renvoie les sommes cumulées des éléments du vecteur `u` sous la forme d'un vecteur de même format que `u`.
- `np.min(u)` renvoie le plus petit élément de `u`.
- `np.max(u)` renvoie le plus grand élément de `u`.

Extraction des éléments d'un objet matriciel

`u` contient un vecteur u et la variable `A` une matrice A.

- `u[k]` renvoie la composante d'indice k de `u`.
- `u[i1:i2]` renvoie le vecteur $(u_{i_1},\dots,u_{i_2-1})$.
- `A[i,j]` renvoie le coefficient de la ligne d'indice i et de la colonne d'indice j de la matrice A.
- `A[i,:]` renvoie la ligne d'indice i sous forme d'un vecteur.
- `A[:,j]` renvoie la colonne d'indice j sous forme d'un vecteur.

Remarque. Les indices en `Python` commencent toujours à 0.

Modification des éléments d'un objet matriciel

Pour modifier un élément ou une partie d'un objet matriciel, il suffit de l'extraire et de lui affecter la nouvelle valeur.

Comparaison de deux matrices

Si A et B sont deux matrices de même format, l'instruction `A==B` renvoie une matrice de même format que A (ou B) dont les éléments sont `True` ou `False` selon que les coefficients correspondants de A et B à cette même place sont égaux ou non. Si tous les éléments de B sont égaux à un même réel `x`, on peut écrire simplement `A==x`.
On définit de même les matrices booléennes `A>B`, `A>=B`, `A<B`, `A<=B` et `A!=B`.

Importation de la librairie pandas

```
import pandas as pd
```

Importation de fichiers csv

La commande `df=pd.read_csv("data.csv ")` affecte à la variable `df` les données contenues dans le fichier *data* (de format csv) sous la forme d'une table ordonnée prête à être exploitée.

Indicateurs statistiques dans pandas

On suppose que la variable `df` contient une table `pandas`.
`df.describe()` affiche un tableau d'indicateurs statistiques pour les colonnes numériques (nombre de lignes, moyenne, écart-type, minimum, maximum et quartiles).
`df.mean()` affiche la liste des moyennes.
`df.median()` affiche la liste des médianes.
`df.std()` affiche la liste des écarts-type.
`df.sort_values("col")` affiche la table classée suivant les valeurs croissantes de la colonne *col*.

Analyse d'une table pandas

Si la variable `df` contient une table `pandas`, la commande `df.head()` permet de visualiser les cinq premières lignes de la table.

Si la variable `df` contient une table `pandas`, la commande `df.shape` renvoie le nombre de lignes et le nombre de colonnes de la table.

Importation de la librairie linalg

```
import numpy.linalg as al
```

Inverse d'une matrice

La commande `al.inv(A)` renvoie l'inverse de A (si A est inversible, bien sûr).

Rang d'une matrice

La commande `al.matrix_rank(A)` renvoie le rang de A.

Puissances d'une matrice carrée

Si la matrice A est une matrice carrée et n un entier relatif, la commande `al.matrix_power(A,n)` renvoie A^n (si $n < 0$, il faut bien sûr que A soit inversible).

Résolution d'un système linéaire

Si A est une matrice carrée **inversible** et si b est une matrice de même taille ou bien un vecteur colonne ayant le même nombre de lignes que A, la commande `al.solve(A,b)` renvoie la solution du système associé à l'équation $Ax = b$.

&

En mathématiques, nous sommes davantage des serviteurs que des maîtres.

Charles Hermite

Paramètres d'une série statistique

Le vecteur x définit la série statistique (x_i).

- `np.mean(x)` renvoie la moyenne des valeurs de x.
- `np.std(x)` renvoie l'écart type de x.
- `np.median(x)` renvoie la médiane de x.
- `np.var(x)` renvoie la variance de x.

Effectifs, effectifs cumulés

On considère la série statistique (x_i) ainsi que le vecteur n qui définit les effectifs n_i associés aux x_i.

- `np.sum(n)` renvoie l'effectif total de la série (x_i).
- `np.cumsum(n)` renvoie les effectifs cumulés de (x_i).

Fréquences, fréquences cumulées

On considère la série statistique (x_i) ainsi que le vecteur n qui définit les effectifs n_i associés aux x_i.

- `n/np.sum(n)` renvoie la liste des fréquences associées aux x_i.
- `np.cumsum(n)/np.sum(n)` renvoie la liste des fréquences cumulées associées aux x_i.

Coefficient de corrélation linéaire

On considère une série statistique double (x_i, y_i), les vecteurs x et y désignant respectivement les vecteurs (x_i) et (y_i).

`np.corrcoef(x,y)[0,1]` renvoie le coefficient de corrélation linéaire de la série (x_i, y_i) mais elle n'est pas au programme.

Droite de régression linéaire

La commande `a,b=np.polyfit(x,y,1)` affecte aux variables a et b les réels a et b tels que la droite d'équation $y=ax+b$ soit la droite de régression linéaire de y en x pour le nuage associé à (x_i, y_i), mais elle n'est pas au programme.

48. GRAPHIQUES

Importation de la librairie matplotlib.pyplot

```
import matplotlib.pyplot as plt
```

Commande plt.show()

Tout ensemble d'instructions de tracé doit se terminer par la commande `plt.show()` afin que le graphique puisse s'afficher.

Ligne brisée

La variable `x` contient le vecteur (x_i) et `y` contient le vecteur (y_i). La commande `plt.plot(x,y)` permet de tracer la ligne brisée reliant les points de coordonnées $(x_i\,,\,y_i)$.

Nuage de points

La variable `x` contient le vecteur (x_i) et `y` contient le vecteur (y_i). La commande `plt.plot(x,y,'+')` permet de tracer le nuage de points de coordonnées $(x_i\,,\,y_i)$, les points étant matérialisés par des « + ».

Représentation graphique d'une suite

Pour représenter les termes $u_0\,,\ldots,\,u_n$ de la suite u, on construit les vecteurs `x=np.arange(n+1)` et `u` de composantes $u_0,\ldots,\,u_n$, puis on commande `plt.plot(x,y,'+')`, les points étant matérialisés par des « + ».

Représentation graphique d'une fonction

Pour tracer la courbe de la fonction f sur l'intervalle $[a,\,b]$, on construit le vecteur `x` de première composante a, de dernière composante b, et de pas suffisamment petit pour que la ligne brisée donne l'illusion d'une courbe, on construit le vecteur `y` dont les composantes sont les $f(x_i)$, puis on écrit `plt.plot(x,y)`.

legend (non exigible)

On peut identifier une courbe par son nom en le plaçant dans un encart à l'aide des commandes :

```
plt.plot(x,y,label='Nom');plt.legend()
```

xlim / ylim (non exigible)

On restreint le repère entre les abscisses `a` et `b` à l'aide de la commande : `plt.xlim(a,b)`.
On peut aussi le restreindre entre les ordonnées `c` et `d` à l'aide de la commande `plt.ylim(c,d)`.

axis (non exigible)

On peut rendre le repère orthonormal à l'aide de la commande `plt.axis('equal')`.

Grille (non exigible)

On fait apparaître une grille sur le fond du repère à l'aide de la commande : `plt.grid()`.

Histogramme

Le vecteur x contient la série statistique $x = (x_0 \ldots, x_p)$.
• L'instruction `plt.hist(x,n)` commande le tracé de l'histogramme associé à la série x en n classes découpées entre la plus petite valeur de x et la plus grande (par défaut, n vaut 10).
• Si `c` contient un vecteur $(c_0, \ldots, c_m)$, `plt.hist(x,c)` trace l'histogramme associé à la série x et dont les classes sont définies à l'aide de `c` : la i^e classe a pour extrémités c_{i-1} et c_i.

Diagramme en bâtons

Le vecteur x contient la série statistique $x = (x_0, \ldots, x_p)$. Le vecteur `h` contient le vecteur $h = (h_0, \ldots, h_p)$ qui définit les effectifs ou les fréquences associés. L'instruction `plt.bar(x,h)` commande le tracé du diagramme en bâtons associé à la série statistique, les h_i définissant les hauteurs des bâtons.

Boîte à moustaches

Le vecteur x contient la série statistique $x = (x_0, \ldots, x_p)$.
L'instruction `plt.boxplot(x)` commande le schéma de la boîte à moustaches associée à x.

&

L'empire de la mathématique sur la matière
est un empire de douceur

Simone Weil

49. ÉQUATIONS DIFFÉRENTIELLES

Importation de la fonction odeint

On importe la fonction `odeint` nécessaire à la résolution des équations différentielles en écrivant :

```
from scipy.integrate import odeint
```

Équation différentielle d'ordre 1 et Python

On considère l'équation (E) : $y' = f(y,t)$ vérifiant $y(t_0) = y_0$.

Si la variable `y0` contient le réel y_0, si la variable `t` contient le vecteur $(t_0,\dots,t_n)$, et si on a déclaré la fonction `f` ainsi :

```
def f(y,t):
        return -mettre ici f(y,t)-
```

alors la commande `sol=odeint(f,y0,t)` affecte à la variable `sol` le vecteur $(y(t_0),\dots, y(t_n))$, où y est la solution de (E).

Pour représenter graphiquement la solution sur l'intervalle $[t_0,t_n]$, on commande alors : `plt.plot(t,sol)`.

Système différentiel et Python

On considère le système différentiel (S) :

$$\begin{cases} x_1'(t) = a_{1,1}x_1(t) + \cdots + a_{n,1}x_n(t) \\ (\cdots) \\ x_n'(t) = a_{n,1}x_1(t) + \cdots + a_{n,n}x_n(t) \end{cases}, \text{ avec } \begin{cases} x_1(t_0) = b_1 \\ \vdots \\ x_n(t_0) = b_n \end{cases}$$

On note `A` la variable qui contient la matrice $(a_{i,j})$, `t` celle qui contient le vecteur $(t_0,\dots,t_m)$, et `X0` celle qui contient le vecteur $(b_1,\dots,b_n)$.

On suppose que l'on a déclaré la fonction `syst` ainsi :

```
def syst(X,t):
        return np.dot(A,X)
```

Alors la commande `M=odeint(syst,X0,t)` affecte à la variable `M` la matrice suivante :

$$\begin{pmatrix} x_1(t_0) & x_2(t_0) & \cdots & x_n(t_0) \\ x_1(t_1) & x_2(t_1) & \cdots & x_n(t_1) \\ \vdots & \vdots & & \vdots \\ x_1(t_m) & x_2(t_m) & \cdots & x_n(t_m) \end{pmatrix}$$

`M[:,k-1]` renvoie donc les valeurs de la solution x_k en chaque t_i.

Trajectoires d'un système différentiel 2x2

Pour représenter graphiquement la trajectoire $\{(x(t), y(t))\,;\, t \in \mathbb{R}\}$ de la solution du système différentiel :

$$\begin{cases} x'(t) = ax(t) + by(t) \\ y'(t) = cx(t) + dy(t) \end{cases} \text{ où } \begin{cases} x(t_0) = x_0 \\ y(t_0) = y_0 \end{cases}$$

on procède ainsi :

- On déclare `A=np.array([[a,b],[c,d]])`
- On déclare `X0=np.array([x0,y0])`
- On déclare `t=np.linspace([t0,tm])`
- On déclare
```
def syst(X,t):
        return np.dot(A,X)
```
- On commande : `M=odeint(syst,X0,t)`
- On commande : `plt.plot(M[:,0],M[:,1])`

Représentation de la solution de y''+ay'+by=0

Pour représenter graphiquement la solution y de l'équation différentielle $y'' + ay' + by = 0$ vérifiant $y(t_0) = y_0$ et $y'(t_0) = y_1$, on procède ainsi :

- On déclare `A=np.array([[0,1],[-b,-a]])`
- On déclare `X0=np.array([y0,y1])`
- On déclare `t=np.linspace([t0,tm])`
- On déclare
```
def syst(X,t):
        return np.dot(A,X)
```
- On commande : `M=odeint(syst,X0,t)`
- On commande : `plt.plot(t,M[:,0])`

Importation de la librairie numpy.random

```
import numpy.random as rd
```

La fonction random

L'instruction `rd.random()` renvoie un nombre choisi au hasard dans l'intervalle $[0,1[$, c'est-à-dire que la fonction `rand` simule la valeur prise par une variable aléatoire X qui suit la loi uniforme sur $[0,1[$ (ou sur $[0,1]$, c'est la même chose).

Soit n et m deux entiers naturels non nuls :

`rd.random(n)` renvoie n simulations de X sous la forme d'un vecteur.

`rd.random([n,m])` renvoie nm simulations de X sous la forme d'une matrice de $\mathcal{M}_{n,m}(\mathbb{R})$.

Simulation d'un événement de probabilité *p*

Si p est un réel de $[0,1]$, alors « `rd.random()<=p` » est un booléen qui prend la valeur `True` (ou la valeur 1) avec la probabilité p et la valeur `False` (ou la valeur 0) avec la probabilité $1-p$. Il simule donc un événement de probabilité p.

Simulation de variables aléatoires discrètes

Simuler une variable aléatoire discrète X, c'est écrire des commandes permettant de renvoyer une valeur de $X(\Omega)$, de telle sorte que, pour tout x_k de $X(\Omega)$, la valeur x_k soit renvoyée avec la probabilité $P(X = x_k)$.

Simulation de variables aléatoires à densité

Simuler une variable aléatoire à densité X, c'est écrire des commandes permettant de renvoyer une valeur de $X(\Omega)$, de telle sorte que, pour tout x de $X(\Omega)$ et pour tout couple (a,b) de réels tels que $a<b$, la probabilité que x soit dans l'intervalle $\left[a,b\right]$ est égale à $F_X(b)-F_X(a)$.

Simulation de variables suivant une loi usuelle

- Loi uniforme sur $[\![a,b-1]\!]$, avec a et b entiers tels que $a<b$:

`rd.randint(a,b)`

- Loi binomiale de paramètres N et p :

`rd.binomial(N,p)`

(une loi de Bernoulli est une loi binomiale avec $N = 1$)

- Loi géométrique de paramètre p :

`rd.geometric(p)`

- Loi de Poisson de paramètre λ :

`rd.poisson(lambda)`

- Loi uniforme sur l'intervalle $[a,b]$:

`(b-a)*rd.random()+a`

- Loi exponentielle de paramètre λ :

`rd.exponential(1/lambda)`

(on prendra garde au paramètre qui est l'inverse de celui du cours)

- Loi normale de paramètre m et σ^2 :

`rd.normal(m,sigma)`

(on prendra garde au second paramètre qui est σ et non σ^2)

- Pour simuler r variables sous la forme d'un vecteur, on ajoute `r` après les paramètres et pour simuler rs variables sous la forme d'une matrice de $\mathcal{M}_{r,s}(\mathbb{R})$, on ajoute `[r,s]` après les paramètres.

→ `rd.binomial(N,p,r)` simule r variables de loi binomiale $\mathcal{B}(N,p)$ sous la forme d'un vecteur à r composantes.

→ `rd.normal(m,sigma,[r,s])` simule rs variables de loi normale $\mathcal{N}(m,\sigma^2)$ sous la forme d'une matrice de $\mathcal{M}_{r,s}(\mathbb{R})$.

Théorème limite central

Soit $(Y_n)_{n\in\mathbb{N}^*}$ une suite de variables aléatoires discrètes mutuellement indépendantes, de même loi et possédant une espérance μ et une variance $\sigma^2 > 0$.

On note $X = \dfrac{Y_1 + \cdots + Y_n}{n}$ (moyenne empirique des n variables $Y_1,\ldots,Y_n$). Plus l'entier n est grand, plus la loi de la variable X est proche de la loi normale $\mathcal{N}(\mu,\sigma^2)$.

Application du théorème limite central

On reprend les notations du théorème limite central et on pose :

$X^* = \sqrt{n}\,\dfrac{X-\mu}{\sigma}$ (variable aléatoire centrée réduite associée à X)

Si la loi commune à toutes les variables Y_n est la loi uniforme sur $[0,1]$, alors plus l'entier n est grand, plus la loi de la variable X^* est proche de la loi normale $\mathcal{N}(0,1)$.

Notion d'intervalle de confiance asymptotique

On considère un paramètre θ d'une loi de probabilité (par exemple le paramètre p d'une loi de Bernoulli) et a un réel de $]0,1[$. Un intervalle dont les extrémités sont des variables aléatoires qui ne dépendent pas de θ, et tel que la probabilité que θ se trouve dans cet intervalle soit au moins égale à $1-a$, s'appelle un intervalle de confiance de θ au niveau de confiance $1-a$. S'il est obtenu à l'aide du théorème limite central, il est dit asymptotique.

Chaînes de Markov homogènes

On appelle *chaîne de Markov*, toute suite $(X_n)_{n\in\mathbb{N}}$ de variables aléatoires, définies sur le même espace probabilisé et à valeurs dans un ensemble $E = [\![1,N]\!]$ (ensemble des états de la chaîne), telles que, pour tout n de $\mathbb{N}$, la loi de X_{n+1} ne dépend que de la loi de X_n.

Lorsque les probabilités $P_{(X_n=i)}(X_{n+1}=j)$ sont indépendantes de n, on les note $p_{i,j}$ et la chaîne est dite *homogène*. La matrice $M=(p_{i,j})_{1\leq i,j\leq N}$ est appelée matrice de transition de la chaîne.

&

En sciences, ce qui est démontrable ne doit pas être admis sans démonstration

Richard Dedekind

51. BASES DE DONNÉES

SGBDR

« Système de Gestion des Bases de Données Relationnelles » : on désigne ainsi tout logiciel capable de stocker des bases de données et de les organiser efficacement de sorte qu'on puisse les interroger pour en extraire des informations utiles.

Relation / table

On considère des « entités » (des clients, des villes, des produits, etc.) pour lesquelles on a des données qui peuvent être mises en relation. L'ensemble de ces données s'appelle une relation. On lui donne en général le nom de l'entité et on la présente sous la forme d'une table.

Attribut / colonne

Ce sont les propriétés sur lesquelles portent les données (le nom pour un client, la taille pour une ville, le prix pour un produit…). Dans une table, ce sont les noms des colonnes.

Descripteurs

C'est l'ensemble des tous les attributs de la relation.

Domaine d'un attribut / type

C'est l'ensemble des valeurs possibles de l'attribut (TEXT pour du texte, par exemple pour un nom, INT pour des entiers, par exemple pour un âge). TEXT, INT… s'appellent des types.

Schéma de relation / de table

C'est le descriptif de la relation constitué d'un nom (on prend souvent le nom de l'entité) suivi de la liste de ses attributs et de leur domaine.

Exemple :

```
Client=((Id:INT),(Produit:TEXT),(Âge:INT))
```

Enregistrement / ligne

C'est, pour un élément de l'entité, la liste des valeurs des attributs. Dans une table, ce sont les valeurs sur une ligne.

Champ

C'est l'emplacement d'une donnée (une case de la table).

Clé primaire

C'est un attribut (une colonne) qui permet d'identifier de manière unique les éléments de la table.

Clé étrangère

C'est la colonne d'une table dont les éléments se trouvent dans la clé primaire d'une autre table (les deux tables sont mises ainsi en relation). On dit que la clé étrangère référence la clé primaire de l'autre table.

Schéma relationnel

C'est la donnée des schémas de relation ainsi que des clés primaires et étrangères. L'usage est souvent de souligner les clés primaires et de placer un dièse (#) devant les clés étrangères.

```
Client=((Id:INT),(#Produit:TEXT),(Âge:INT))
```

SQL

« Structured Query Language » : c'est le langage le plus utilisé pour interroger les SGBDR. Les instructions qui permettent de les interroger sont souvent appelées des requêtes. L'usage est de les écrire en majuscules.

Création d'une table

Pour créer la table *tab* dont les colonnes sont *col*_1,..., *col_n*, et les types des colonnes sont *type*_1,..., *type_n*, on écrit :

```
CREATE TABLE tab
   (col_1 type_1,
    ...
    col_n type_n)
```

Déclaration des clés

• On déclare la clé primaire après la colonne qui la définit :

```
CREATE TABLE tab
   (col_1 type_1,
    ...
    col_k type_k PRIMARY KEY,
    ...
    col_n type_n)
```

• Si une table *tab*_2 contient une clé étrangère *col_i* qui référence la clé primaire *col_j* d'une autre table *tab*_1 déjà créée, on la déclare ainsi :

```
CREATE TABLE tab_2
 (col_1 type_1,
  ...
  col_n type_n
  FOREIGN KEY (col_i) REFERENCES tab_1(col_j))
```

Ajout de lignes

Pour ajouter la ligne *champ*_1,..., *champ_n* à la table *tab* (qui possède donc *n* colonnes), on commande :

```
INSERT INTO tab VALUES (champ_1,…,champ_n)
```

Modification

Pour remplacer la donnée du champ de la colonne *col* sur la ligne définie par une certaine condition, par la donnée *val*, on commande :

```
UPDATE tab SET col="val" WHERE condition
```

Suppression

Pour supprimer des lignes vérifiant une certaine condition, on commande :

```
DELETE FROM tab WHERE condition
```

Sélection

Pour sélectionner les valeurs de la colonne *col* de la table *tab* vérifiant une certaine condition, on commande :

```
SELECT col FROM tab WHERE condition
```

On peut sélectionner plusieurs colonnes, ou toutes.

Opérateurs dans une sélection

Dans une sélection, la condition peut s'énoncer :

- à l'aide des opérateurs arithmétiques :
  « + », « – », « * »
- à l'aide des opérateurs de comparaison :
  « = », « <> » (différent de), « > », « < », « <= », « >= »
- à l'aide des opérateurs de logique
  « AND », « OR », « NOT »

Jointure

Pour sélectionner en une fois les données communes à deux tables *tab*_1 et *tab*_2 mises en relation grâce à deux colonnes ayant des valeurs communes (*col_i* pour *tab*_1 et *col_j* pour *tab*_2), on commande :

```
SELECT * FROM tab_1
INNER JOIN tab_2
ON tab_1.col_i = tab_2.col_j
```

UNION (non exigible)

Pour afficher les données de la colonne *col_1* de la table *tab_1* et celles de la colonne *col_2* de la table *tab_2* sous la forme d'une seule colonne, on commande :

```
SELECT col_1 FROM tab_1
UNION
SELECT col_2 FROM tab_2
```

INTERSECT (non exigible)

Pour afficher les données communes à la colonne *col_1* de la table *tab_1* et à la colonne *col_2* de la table *tab_2*, on commande :

```
SELECT col_1 FROM tab_1
INTERSECT
SELECT col_2 FROM tab_2
```

EXCEPT (non exigible)

Pour afficher les données communes à la colonne *col_1* de la table *tab_1* privées de celles de la colonne *col_2* de la table *tab_2*, on commande :

```
SELECT col_1 FROM tab_1
EXCEPT
SELECT col_2 FROM tab_2
```

Fonctions d'agrégation (non exigibles)

Pour obtenir la somme des données de la colonne *col* de la table *tab*, on commande :

```
SELECT SUM(col) FROM tab
```

On peut remplacer `SUM` par :

- `MIN` (renvoie le minimum des données de la colonne)
- `MAX` (renvoie le maximum des données de la colonne)
- `AVG` (renvoie la moyenne des données de la colonne)
- `COUNT` (compte le nombre de données de la colonne)

DISTINCT (non exigible)

Pour sélectionner les valeurs de la colonne *col* de la table *tab* en évitant les doublons, on commande :

```
SELECT DISTINCT col FROM tab
```

ORDER BY (non exigible)

Pour sélectionner les valeurs de la colonne *col*_1 de la table *tab* en les classant dans l'ordre croissant des données de la colonne *col*_2, on commande :

```
SELECT col_1 FROM tab ORDER BY col_2
```

&

Le principe de l'évolution est beaucoup plus rapide en informatique que chez le bipède.

Jean Dion

Index

A

B

C

D

E

F

G

H

I

J

K

L

M

N

O

P

Q

R

S

T

U

V

W

&

Si les gens ne croient pas que les mathématiques sont simples, c'est uniquement parce qu'ils ne réalisent pas à quel point la vie est compliquée.

John Von Neumann

Achevé d'imprimer en mai 2022
sur les presses de la Nouvelle Imprimerie Laballery
58500 Clamecy
Dépôt légal : juin 2022
Numéro d'impression : 201865

Imprimé en France

La Nouvelle Imprimerie Laballery est titulaire de la marque Imprim'Vert®